AF670815

DIETER RÖSEL

·

GRIECHENLAND – DIE ARCHAISCHE ZEIT

Der östliche Mittelmeerraum; hier entwickelten sich im 2. Jahrtausend v. Chr. die ersten europäischen Kulturen.

DIETER RÖSEL

GRIECHENLAND – DIE ARCHAISCHE ZEIT

Bibliografische Information der Deutschen Nationalbibliothek
Die Deutsche Nationalbibliothek verzeichnet diese Publikation in der Deutschen Nationalbibliografie; detaillierte bibliografische Daten sind im Internet über http://dnb.d-nb.de abrufbar

BuchWerkstatt Berlin
Eine Marke der Dr. Johann-Friedrich Huffmann Publikationsberatung
Telefon: 0 30 / 99 25 60 33
www.buchwerkstatt-berlin.de
Bildnachweis: Privatarchiv des Autors: U1 (Korinthischer Helm, Archäölogisches Museum und Schwarzfigurige attische Amphore um 510 v. Chr., Akademisches Kunstmuseum/Antikensammlung der Universität Bonn
Seite 2: Fotolia.com
1. Auflage 2013
ISBN 978-3-940281-39-5
Printed in Germany

Inhalt

Vorwort

Ein mehrjähriges Geschichtsstudium an der Rheinischen Friedrich-Wilhelms-Universität in Bonn hat mich dazu angeregt, die Zeit vor der Antike, nämlich die archaische Zeit in Griechenland, schriftlich festzuhalten.

Es ist mir ein großes Anliegen, das während meines Studiums erworbene Wissen in einer klaren und verständlichen Sprache einer möglichst breiten Bevölkerungsschicht zu vermitteln.

Mein besonderer Dank gilt den Professoren und Dozenten der Rheinischen Friedrich-Wilhelms-Universität in Bonn, die mich beraten und unterstützt haben. Gleichzeitig möchte ich Frau Sibylle Kemnitz meinen Dank aussprechen für ihre Lektoratstätigkeit. Außerdem danke ich meinen Kollegen im Auswärtigen Amt für die guten Hinweise und Ratschläge.

Sankt Augustin, 23. Mai 2009
Dieter Rösel

I. Einleitung

Die Griechen zählen zu den indoeuropäischen Völkern. Sie sind etwa um 2000 v. Chr. von Norden kommend auf die Balkanhalbinsel vorgedrungen, wo sie eine proto-griechische, das heißt eine altmediterrane Bevölkerung (Pelasger) antrafen und sich mit dieser größtenteils vermischten. **Hellen**, ein mythischer Stammvater oder auch Ahnherr der Griechen, soll sich mit seinem Stamm in der Gegend des heutigen Thessalien niedergelassen haben. Aus Hellens Söhnen und Enkeln gingen später die Hauptstämme Griechenlands hervor. Es waren die Aioler, Achaier, Ionier und Dorer. Die Nachkommen des sagenhaften Stammvaters waren die **Hellenen**, und das von ihnen besiedelte Land wurde **Hellas** genannt. Der Name Griechenland war ihnen fremd. Erst später, im Rahmen einer großen griechischen Kolonisierungswelle im 8. Jahrhundert v. Chr., die auch Italien erfaßte, kamen die Nachfahren Hellens u. a. mit den Bewohnern der italienischen Halbinsel in Kontakt. Hier wurden die Neuankömmlinge bzw. Landsucher oder Siedler von der einheimischen Bevölkerung als **Graeci** (Griechen) bezeichnet. Die späteren Geschichtsforscher hatten den Namen Graeci übernommen, und so wurde aus Hellas **Griechenland**. Fremden gegenüber gaben sich die Griechen ansonsten ihrem jeweiligen Stammesnamen entsprechend als Ionier, Achaier, Dorer oder Aioler aus.

Der archaischen Zeit (800–500 v. Chr.) gingen die Dunklen Jahrhunderte (1200–800 v. Chr.) und die mykenische Zeit (1600–1200 v. Chr.) voraus.

II. Die Frühzeit

1. Die mykenische Welt (ca. 1600–1200 v. Chr.)

Die mykenische Zeit ist in etwa identisch mit der jüngeren Bronzezeit. Sie ist unterteilt in:

a) frühmykenische Zeit (ca. 1600–1450 v. Chr.),
b) Palastzeit (ca. 1450–1200 v. Chr.) und
c) Nachpalastzeit (ca. 1200–1050 v. Chr.).

a) Frühmykenische Zeit

Die Einwanderungswelle aus den Jahren um 2000 v. Chr. war nach einigen Jahrhunderten zum Stillstand gekommen. Die neuen Völkerschaften, die sich aus Achaiern, Ioniern und Aiolern zusammensetzten, vermischten sich größtenteils mit der einheimischen Bevölkerung. Bei der ethnischen Zusammensetzung spricht man von einem Substrat und einem Superstrat. Man konnte eine einheitliche Kultur feststellen. Es war die mykenische Kultur, benannt nach dem größten und vorherrschenden Königreich von **Mykene** (*Mykenai*) auf der Peloponnes.

b) Palastzeit

Im Laufe der Zeit hatten sich in Griechenland größere und kleinere Königreiche gebildet mit einem ***Wanax*** (König) an der Spitze. Er war weltlicher und religiöser Herrscher zugleich. In Kriegszeiten war er auch Heerführer. Zu seiner engeren Gefolgschaft zählten hauptsächlich Adelige (*hepetas = e-pe-ta*). Könige und Adelige bildeten die Oberschicht, das einfache Volk repräsentierte die Mittelschicht (*damos*), und Sklaven bzw. Diener (*doulos*) gehörten zur Unterschicht. König und Hofstaat lebten in Palastanlagen, deren Zentrum das Megaron (Königspalast) war. Zu einem Palastbereich zählten ca. 2 500 Personen. Die Palastkulturen stellten eine zentral organisierte Gemeinschaft dar. An bedeutenden Palastkulturen sind außer Mykene noch bekannt: Pylos, Tiryns, Athen und Argos.

Die Mittelschicht, bestehend aus Bauern und Handwerkern, hatte Abgaben an die Paläste zu entrichten. In diesem Zusammenhang hatte man ein Redistributionssystem eingeführt, das heißt, ein Teil der Abgaben wurde eingelagert, um später in Notzeiten an die Bevölkerung verteilt zu werden. Dieses Verfahren war u. a. ein typisches Merkmal der Palastzeit. Für die Beisetzung von Königen und Adeligen wurden Schacht- und Kuppelgräber errichtet. Es war das „goldene Zeitalter“ der mykenischen Epoche.

Vorläufer der mykenischen Kultur war die minoische Kultur Kretas. Schriftliche Informationen über die mykenische Gesellschaft und deren Kultur waren nur auf Umwegen über ägyptische und minoische Quellen zu erhalten, da die Mykener anfangs weder über eine eigene Schrift verfügten noch Geschichtsschreibung betrieben. Ägypten verfügte damals über eine aus Bildern entwickelte Hieroglyphenschrift, und Kreta hatte eine Schrift entwickelt, die uns als Linear-A-Schrift bekannt ist.

Kleiner Exkurs: Während der Bronzezeit war Kreta Seemacht Nr. 1. Mit ihrer Flotte beherrschten die Minoer (benannt nach ihrem mythischen König Minos) das gesamte Mittelmeer. Sie galten als friedliebend und trieben Seehandel. Ihre Städte und Siedlungen waren unbefestigt, da sie aufgrund ihrer mächtigen Flotte keine Feinde zu fürchten hatten.

Im Laufe der Jahre erfuhr die Linear-A-Schrift eine Weiterentwicklung und wurde zur Linear-B-Schrift. Über kretische Seefahrer und Kaufleute gelangte dieser neue Schrifttyp nach Griechenland. Die Linear-B-Schrift war eine reine Silbenschrift, wobei der letzte geschriebene Buchstabe einer Silbe bzw. eines Wortes immer ein Vokal war. Beispiel: *pa-te* = *pater* = Vater. Vielfach wurde diese Schrift zusätzlich durch Ideogramme ergänzt. Die Schriftzeichen von Linear-B wurden entweder in Holz geritzt oder wie in Pylos auf Tontafeln geschrieben. Für das Abfassen längerer Schriftsätze oder gar zur Niederschrift größerer Ereignisse war die Linear-B-Schrift nicht geeignet. Das war erst später mit der Übernahme des phönizischen Alphabets möglich. Da die Linear-B-Schrift auch nicht lautgerecht wiedergegeben werden konnte, fand sie ausschließlich Eingang bei den Palästen oder, genauer gesagt, in der Palastverwaltung, wo sie administratorischen bzw. registratorischen Zwecken diente. Handelsgüter und landwirtschaftliche Produkte wurden nun mittels der Linear-B-Schrift akribisch erfaßt. Bestimmte landwirtschaftliche Produkte wie zum Beispiel Weizen, Gerste, Feigen, Wein, Oliven, Sesam, Kümmel usw. wurden durch Ideogramme dargestellt.

Die Entzifferung der Linear-B-Schrift gelang dem Engländer M. Ventris im Jahre 1952 unserer Zeitrechnung. Bei Ausgrabungen an der Stelle des ehemaligen Palastes von Pylos, im Nordwesten der Peloponnes, stieß man auf eine der größten Tontafelsammlungen (annähernd 600) der mykenischen Epoche. Dank der großartigen Leistung des Engländers M. Ventris war es nun möglich, im größeren Umfang Auskunft über Pylos und die damalige Zeit zu erhalten. So erfahren wir zum Beispiel, daß es in Messenien eine Doppelprovinz gab, die sich wiederum aus ca. 200 Bezirken zusammensetzte. Die Bevölkerung der Mittelschicht setzte sich aus Bauern und Handwerkern (Schmiede, Weber, Glaser, Tischler) zusammen. Merkwürdigerweise kannte man den Begriff Bauer nicht, da es selbstverständlich war, Bauer zu sein. Pferde wurden ausschließlich als Reit-, nicht als Zugpferde benutzt. Als Zugtiere dienten Ochsen. Pferde als Zugtiere vor Streitwagen bildeten eine Ausnahme. Ferner geben uns die Täfelchen darüber Auskunft, daß die Provinz Pylos etwa 50 000 Bewohner hatte und ein Bestand von 1200 Ochsen vorhanden war. Man spricht von der ersten Hochkultur auf europäischem Boden. Hierzu zählte vor allem auch die minoische Kultur auf Kreta.

Gegen Ende des 13. Jahrhunderts v. Chr. neigte sich das „goldene Zeitalter“, auch Palastzeit genannt, dem Ende zu. Die Nachpalastzeit warf ihre Schatten voraus.

c) Nachpalastzeit

Um das Jahr 1200 v. Chr. fand ein Ereignis statt, das den gesamten östlichen Mittelmeerraum erschütterte und vor allem in Griechenland tiefgreifende Spuren hinterließ und zum Untergang nicht nur der Palastkulturen, sondern auch zum Untergang einer der ersten Hochkulturen auf europäischem Boden führte. Es handelte sich um die sogenannte **Dorische Wanderung**. In Griechenland vollzog sich ein Umbruch, der alle politischen, sozialen und kulturellen Bereiche des Gemeinwesens erfaßte. Wir befinden uns in der **Nachpalastzeit** und am Beginn der **Dunklen Jahrhunderte**. Wie von einer riesigen Flutwelle wurde der gesamte östliche Mittelmeerraum von aus dem Norden und Nordwesten kommenden Völkern überrollt. Es handelte sich um eine Völkerwanderung ungeheuren Ausmaßes. Man spricht auch von der **Großen** oder Ägäischen Wanderung, wobei die Dorische Wanderung nur das letzte Kapitel dieser Völkerwanderung darstellte. Der indoeuropäische Stamm der Dorer, oder auch Dorier genannt, dem sich weitere Stämme aus dem Nordwesten anschlossen, ergoß sich, alle Widerstände brechend, über ganz Griechenland und die Inselwelt. Dabei wurde die einheimische Bevölkerung entweder unterdrückt oder aus ihren Wohnsitzen vertrieben.

Viele alte Reiche gingen in den Wirren dieser indoeuropäischen Völkerwanderung unter, wie zum Beispiel das Minoerreich auf der Insel Kreta. Die Zerstörung des unbefestigten Palastes von Knossos soll bereits um das Jahr 1350 v. Chr. erfolgt sein. Es wird vermutet, daß ein Erdbeben mit dazu beigetragen hat. Gegen Ende des 13. Jahrhunderts v. Chr. brach das Hethiterreich in Kleinasien unter dem Ansturm der Achaier (*Ahhijawa*) zusammen, und um 1050 v. Chr. endete die mykenische Kultur mit ihren prächtigen und stark befestigten Palastanlagen endgültig.

Es war auch die Zeit der Seevölker, die u. a. versuchten, auf Zypern, in der Levante und in Ägypten Fuß zu fassen. Über die Bedrohung Ägyptens durch die Seevölker (*Palastu/Philister*) berichten ägyptische Quellen ausführlich.

2. Die „Dunklen Jahrhunderte" (1200–800 v. Chr.)

Die Wissenschaft ist sich darüber einig, daß die Zeit der Wirren und der Unruhe im östlichen Mittelmeerraum mit der **Großen oder Ägäischen Wanderung** in Zusammenhang zu bringen ist. Was war die Ursache? Es gilt als ziemlich sicher, daß die Illyrer nach Aufgabe ihrer Wohnsitze in Mitteleuropa (zwischen Oder und Saale) mit Zielrichtung Adria und Balkan die große Wanderungsbewegung unter den Völkern des Mittelmeerraumes ausgelöst und dabei auch großen Druck auf die Dorer ausgeübt haben. Die Dorer drängten jetzt ihrerseits in mehreren Wellen und Schüben (ein Vorgang, der sich vermutlich über ein bis zwei Generationen hinzog) die einheimischen Achaier, Ionier und Aioler bzw. Aitoler entweder aus ganz Griechenland hinaus oder in unwirtliche Gegenden ab. So wurden zum Beispiel die in Thessalien ansässigen Achaier bzw. Aioler zunächst ins Küstengebirge Magnesia und von dort über die Ägäischen Inseln in die Aiolis, an der Nordwestküste Kleinasiens, gedrängt. Attika mit Athen und die Insel Euboia (Siedlungsgebiete der Ionier) blieben von der Völkerwanderung weitgehend verschont. Auch die Inseln der Kykladen blieben in ionischer Hand. Die Kykladen-Inseln erfuhren stattdessen eine Zuwanderung geflüchteter Stammesgenossen aus der Peloponnes. Diese Flüchtlinge wurden zum Teil an die Westküste Kleinasiens und zur Halbinsel Chalkidike weitergeleitet. Auf der Peloponnes konnten sich die dort lebenden Achaier ins gebirgige Arkadien zurückziehen. Ein nicht geringer Teil der Dorer setzte sich auf der Peloponnes fest; aber die Hauptmasse der Dorer erreichte zur See Kreta, Thera, Kos, Rhodos und die Südwestküste Kleinasiens.

Die wissenschaftliche Forschung ist sich weitgehend darüber einig, daß die Dorische Wanderung nicht alleinige Ursache für den Untergang der mykenischen Kultur war. Es haben weitere Faktoren eine Rolle gespielt, wie:

- Revolten gegen die Paläste sowie deren Zerstörung,
- Bedrohung durch äußere Feinde,
- Naturkatastrophen und Hungersnöte.

Aus der Zerstörung der Paläste und dem Niedergang der Palastkulturen ergaben sich folgende Konsequenzen:

- Verlust der überregionalen Herrschaft,
- Ende der zentralen Gemeinschaftsstrukturen und damit auch Ende des Redistributionssystems,
- starke Entvölkerung,
- Verlust der Schrift,
- Verlegung von Siedlungen (meist ins Gebirge),
- Kleinteiligkeit,
- kärgliche Lebensumstände,
- kein städtischer Siedlungscharakter,
- Verlust an Repräsentation, z. B. in der Architektur,
- Verlust der Einheitlichkeit in der Kunst,
- Aufkommen lokaler Stile, z. B. in der Keramik, der Begriff *wanax* (König/Stadtherrscher) ging aus der Sprache verloren.

In den Jahrhunderten nach der großen Wanderung zwischen 1200 und 800 v. Chr., also während der Dunklen

Jahrhunderte, haben sich im griechischen Sprachraum drei große Dialektgruppen herausgebildet:

- aiolischer Dialekt an der Nordwestküste Kleinasiens,
- ionischer Dialekt in Athen, auf den Kykladen und an der Westküste Kleinasiens,
- dorischer Dialekt auf der Peloponnes sowie an der Südwestküste Kleinasiens.

Aus der freiwilligen bzw. unfreiwilligen Besiedlung der Westküste Kleinasiens unter Einbeziehung des griechischen Festlandes ergab sich, daß die Ägäis quasi ein griechisches Binnenmeer wurde.

Dank archäologischer Grabungen und mündlicher Überlieferungen lassen sich für die Zeit von 1000 bis 900 v. Chr. (Dunkle Jahrhunderte) – also nachdem die Folgen der Wirren einigermaßen überstanden waren und sich die Dinge beruhigt hatten – gewisse Veränderungen bzw. Neuerungen feststellen:

- Mit der Gewinnung von Eisen und dessen Verarbeitung begann eine neue Epoche, nämlich die Eisenzeit.
- Übernahme der Buchstabenschrift von den Phöniziern.
- Wie bereits erwähnt, verschwand die Bezeichnung *wanax* gänzlich aus dem Sprachgebrauch; an dessen Stelle trat die Bezeichnung *basileus*.
- Pferde dienten ausschließlich als Reit- und nicht mehr als Zugtiere.
- Anfänge von Tempelbauten.

- Import von Großgefäßen aus Bronze.
- Herstellung von protogeometrischen Vasen in Attika und Euboia.
- Veränderung der Tracht (Benutzung von Gewandfibeln).
- Bestattung in Einzel- statt in Großgräbern.
- Leichenverbrennung.
- Größere Apsidenhäuser (Versammlungsräume).
- Ausformung von Dialekten.
- Mündliche Dichtung (*oral poetry*) bis zur Großepik.

III. Die archaische Zeit (800–500 v. Chr.)

1. Neue gesellschaftliche Grundlage

Um 800 v. Chr. beginnt ein neuer Zeitabschnitt in der griechischen Geschichte. Er ist gekennzeichnet durch eine beginnende Polisentstehung, Anstieg der Bevölkerungszahlen, Gründung autochthoner Siedlungen (Athen wird sozusagen Mutterstadt aller ionischen Städte) sowie Suche nach Tradition und kulthafte Verehrung der Stammväter (Gründerheros). Hierzu zählen u. a. Herakles, Theseus und Achilles. Hinweise auf diese Zeit erhalten wir durch den Dichter **Homer** in seinen Epen. Die neue Epoche war ferner gekennzeichnet von der Abschaffung der Monarchie. Stattdessen wurden politische Ämter und Gremien mit genau festgelegten Aufgaben und Kompetenzen eingerichtet. Wie bereits erwähnt, erfolgte zunächst eine zögerliche Städtebildung. Durch Zusammenfassung mehrerer Dörfer (*synoikismos*) entstand ein Siedlungsverband, und durch Zusammenfassung mehrerer Siedlungsverbände entstand die Polis, der Stadtstaat. So bildeten sich im Laufe der Zeit kleinere und größere Stadtstaaten wie Athen, Theben, Korinth, Argos und Milet.

Die neue Grundlage der griechischen Gesellschaft war der ***Oikos***, das heißt eine Art Mini-Kosmos der damals überwiegend bäuerlichen Gesellschaft, die ausschließlich aus Selbstversorgern bestand. Der Oikos umfaßte alle Schichten der Bevölkerung vom Bauern bis zum Adeligen.

Die bäuerliche Schicht bestand aus Voll- und Kleinbauern. Außerdem gab es noch eine unterbäuerliche Schicht, bestehend aus Knechten, Mägden und sogenannten Häuslern. Die zur unterbäuerlichen Schicht gehörenden Personen wurden als Theten bezeichnet.

a) Der bäuerliche Oikos

Allgemeines:

Was ist nun konkret unter dem Begriff Oikos zu verstehen?

Der Oikos war die Bezeichnung für das Bauernhaus mit der dazugehörigen Hausgemeinschaft. Der Dichter **Hesiod** teilt uns in seiner Schrift „Werke und Tage" *(Erga* 405/407) mit, daß zu einem bäuerlichen Oikos außer dem Bauern mit seiner Familie das Gehöft, ein Ochse und landwirtschaftliches Gerät (einschließlich Pflug) gehörten. Der erweiterte Oikos umfaßte noch Knechte und Mägde. In der archaischen Zeit lebten 90 bis 95 Prozent der Bevölkerung von der Landwirtschaft. Man hatte es mit einer rein agrarisch orientierten Gesellschaft zu tun.

Das tägliche Leben:

Der Vollbauer besaß mitunter zwei oder mehrere Ochsen, Knechte und Mägde sowie sämtliche zur Bewirtschaftung seines Hofes erforderlichen Arbeitsgeräte. Im Gegensatz zu den Vollbauern konnten sich die Kleinbauern weder Knechte noch Mägde leisten. Vielfach hielten sich zwei Kleinbauern gemeinsam einen Ochsen und unterstützten sich gegenseitig beim Pflügen. Es kam aber auch vor, daß sich ein Kleinbauer ein Ochsengespann bei einem Vollbauern oder Adeligen auslieh. Dies führte allerdings auf Dauer zu einer gewissen Abhängigkeit. Kleinbauern arbeiteten in der Regel alleine, das heißt ohne zusätzliche Unterstützung auf den Feldern. Die Bauern der damaligen Zeit betrieben sowohl Ackerbau (Getreide, Oliven, Wein) als auch Viehzucht (überwiegend Schafe und Ziegen) und wohnten in geschlossenen Siedlungen. Bei Aussaat und Ernte richtete man sich nach den Gestirnen bzw. deren Konstellation. Das Jahr begann Mitte Oktober mit dem Pflügen und dem Säen. Im Winter wurden die landwirtschaftlichen Geräte instand gesetzt und erforderlichenfalls Ausbesserungsarbeiten am Haus vorgenommen. Laut Hesiod waren 60 Tage nach der Sonnenwende die Reben zu beschneiden (siehe „Werke und Tage“). Da es sich in der archaischen Zeit immerhin um ein freies Bauerntum handelte, waren von den Bauern keine Erträge an die Adeligen abzuliefern. Ebensowenig waren Hand- und Spanndienste zu leisten. Wie schon erwähnt, waren die Bauern autark und lebten von den eigenen Erträgen (Subsistenzwirtschaft). Zusätzliches Land erwarben sie entweder durch Rodung oder durch Kauf.

Arbeitsteilung in der Landwirtschaft:
Die Ehefrau, also die Bäuerin, war für die Hausarbeit und die Kindererziehung zuständig. Sie war im Haus und um das Haus tätig (Kochen, Putzen, Weben, Wasserholen etc.). Dem Bauern oblag die Feldarbeit (Aussaat, Ernte, Instandsetzung der Gerätschaften). Der Bauer saß bei der Einnahme der Mahlzeiten stets am Kopfende des Tisches.

Für die Bäuerin war kein Platz am Tisch. Sie war für die Essenszubereitung zuständig und hatte die Familie nebst dem Gesinde mit Essen zu versorgen.

Das Gesinde:
Die Vollbauern hatten in der Regel je eine Magd und einen Knecht auf dem Hof. Sklaven waren nicht anzutreffen. Sklavenhaltung war in der damaligen Zeit viel zu teuer, da Sklaven mit Ochsen bezahlt werden mußten. Für den Kauf eines einzigen Sklaven mußte man zehn bis 20 Ochsen hergeben. Bei den Knechten und Mägden handelte es sich meistens um Nachkommen von Kleinbauern, die sich in jungen Jahren als Jungmagd bzw. Jungknecht bei Großbauern verdingten und nach dem Tode ihrer Eltern auf den kleinbäuerlichen Hof zurückkehrten und diesen dann übernahmen. So verbrachten sie viele Jahre im Gesindedienst (*life-cycle servants*). Bei den Bauern waren hauptsächlich 40jährige Knechte wegen ihrer Zuverlässigkeit und ihres Arbeitswillens sehr gefragt. Das Gesinde des Großbauern wurde von diesem beköstigt und mit Bekleidung versorgt. Vielleicht sollte noch erwähnt werden, daß das Gesinde hierarchisiert war (Jungknechte/Jungmägde, Großknechte/Großmägde, Altknechte/Altmägde). Arbeitsverträge galten jeweils für ein Jahr. Danach mußte seitens des Bauern neu kalkuliert werden. Entweder blieben die Knechte und Mägde weiterhin beim gleichen Bauern oder sie traten bei einem anderen in den Dienst. Die Lebensgrundlage war meist prekär. Daher waren Mägde mit Kindern nicht erwünscht. Sollte eine Magd wider Erwarten schwanger werden, konnte sie vor

der Niederkunft keine Schonung erwarten. Häufig wurde sie vom Hof vertrieben, es sei denn, sie konnte das Kind anderweitig in Pflege geben. Neben dem Gesinde gab es auch noch die Häusler. Bei den Häuslern handelte es sich um Personen, die nur ein kleines Haus mit einem Gärtchen besaßen. Bedingt durch ihre prekäre wirtschaftliche Situation waren sie gezwungen, sich entweder als Zeit- oder Saisonarbeiter bei einem Groß- bzw. Vollbauern zu verdingen.

In der bäuerlichen Gesellschaft der Archaik werden wir mit zwei Begriffen konfrontiert:

1. der moralischen Ökonomie und
2. dem amoralischen Verhalten der Familie.

Moralische Ökonomie beinhaltet ein humanes Verhalten des Bauern gegenüber dem Gesinde. So wird beispielsweise den Knechten und Mägden die Möglichkeit gegeben, über einen längeren Zeitraum am Hofe zu bleiben, sofern sie eine hohe Arbeitsintensität an den Tag legen. Auch Bettlern wird gegeben.

Von einem amoralischen Verhalten der Familie (*amoral familism*) ist dann die Rede, wenn eine starke Tendenz zum Individualismus vorhanden ist und wenig Sinn für Gemeinschaftseigentum und Gemeinschaftsinteressen besteht.

Erbrecht:

Im Gegensatz zum Anerbenrecht existierte eine Realteilung bezogen auf den gesamten Besitz. Allein die Söhne des Erblassers waren erbberechtigt. Töchter waren vom

Erbe ausgeschlossen. Frauen durften keinen Besitz in die Ehe mitnehmen. Die Aufteilung des Besitzes unter den Söhnen wurde durch das Los (*kleros*) bestimmt. Die Realteilung und die damit verbundene Parzellierung der Flächen führten automatisch zur Besitzverkleinerung und daraus resultierend im Laufe der Zeit zur Verschuldung und Verarmung der Bauern. Aus diesem Grunde wurden sehr häufig Söhne im Säuglingsalter ausgesetzt. Der Hausvater war verpflichtet, das gesamte Vermögen zusammenzuhalten. Die Hofübergabe an den meist älteren Sohn erfolgte noch zu Lebzeiten des Vaters. In der Regel übernahm der Sohn mit 30 Jahren den Hof (nach Ablauf einer Generation).

Heirat:

Zum Thema Heirat schlägt der Dichter Hesiod für den Mann ein soziales und für die Frau ein biologisches Heiratsalter vor, das heißt, der Mann sollte nicht vor dem 30. Lebensjahr und die Frau vier bis fünf Jahre nach Erreichung ihrer Reife eine Ehe eingehen. Eine Heirat in Athen vollzog sich in drei Schritten:

1. Heiratsversprechen des zukünftigen Ehemannes und Zustimmung des Brautvaters (*engye*),
2. Herausgabe der Braut, Zug des Brautpaares in das Haus des Bräutigams und Feier im Haus des Bräutigams (*ekdosis*) und
3. Zusammenleben der Ehepartner mit Geschlechtsverkehr in der Hochzeitsnacht.

Bedingt durch die Tatsache, daß die Männer erst nach der Hofübernahme ab dem 30. Lebensjahr heiraten durften, war bei der männlichen Bevölkerung bis zum Zeitpunkt der Heirat ein hohes Aufkommen an Homosexualität festzustellen. Den Liebhaber aus solch einer Verbindung nannte man *Erastes* und den Geliebten *Eromenos.*

Partielle Frauenfeindlichkeit:
In der bäuerlichen Gesellschaft war häufig eine gewisse Frauenfeindlichkeit (gemeint sind die Ehefrauen) festzustellen. Es existierte zum Beispiel ein Frauenkatalog von **Semonides** mit sieben verschiedenen Frauentypen. Sie reichten von der Hündin über Schwein, Eselin und Biene bis hin zur Schlampe. Verbreitet war die Meinung, daß eine Frau einen Mann ruinieren könne. Es war u. a. zu befürchten, daß während der Abwesenheit des Mannes die Lebensmittelvorräte, die genau eingeteilt waren, von der Frau geplündert werden könnten. Sexualität und Schmeicheleien seitens der Ehefrau seien des Mannes Untergang. Dabei käme die Arbeit zu kurz. Sexualität und Arbeitsfähigkeit der Frau galten als unvereinbar. Die Frau sollte nicht unbedingt schön, eher kräftig sein, um am Hofe mit anpacken zu können. Man sagte, die beiden schönsten Tage im Leben eines Mannes seien der Hochzeitstag und der Tag des Ablebens der Ehefrau. Solche frauenfeindlichen Sprüche waren mehr oder weniger als Warnungen an die zukünftigen Bauern zu verstehen. Andererseits wurde ebenfalls in Sprüchen auf die Unentbehrlichkeit der Frau hingewiesen. Frauenfeindliche Äußerungen bezogen sich allerdings nur auf die Ehefrauen in der bäuerlichen Gesellschaft. Sie hatten keinerlei Gültigkeit für die adelige Oberschicht.

Hier wie dort genoß der Mann stets die höchste Autorität im Hause.

Altersversorgung:
Der Vater schied nach der Hofübergabe als Haushaltsvorstand aus, und die Hausgewalt ging auf seinen Sohn über. Der Sohn führte ab jetzt den Hof und hatte das Sagen. Die Eltern bekamen nur noch eine halbe Portion zu essen. Der Altbauer und seine Frau waren nun völlig von den Kindern abhängig. Glücklich konnte sich nur **der** Bauer schätzen, der während seiner Schaffensperiode in der Lage war, sich einen Kleinsthof zuzulegen, auf den er sich im Alter zurückziehen konnte.

b) Der adelige Oikos oder die adelige Gesellschaft

Etwas anders als in der bäuerlichen Gesellschaft verhielt sich das Leben in der Adelsgesellschaft. Obwohl keine scharfe Trennungslinie zwischen Bauern und Adel existierte, gab es dennoch Unterschiede. Da man im archaischen Griechenland keinen Geburtsadel kannte, wurde das Adelsprädikat von der Größe des Besitzes abgeleitet. Somit betrachteten sich die Großgrundbesitzer ausnahmslos als Adelige. Sie besaßen riesige Ländereien und Viehherden. Außerdem verfügten sie über eine Dienerschaft und Sklaven. Reitpferde, Edelmetalle, vornehme Kleidung und eine gepflegte, lange Haartracht waren Statussymbole eines Adeligen. Der Adelige war selten auf dem Felde anzutreffen. Für die Feldarbeit waren Knechte und Sklaven zuständig. Zum Ausgleich dafür nahm der Adelige öfters an Kriegen teil, wo er Ruhm und Ehre erlangen konnte. Adelige pflegten außerdem intensive Freundschaften (*hetairoi*). Die Gastfreundschaft war besonders stark ausgeprägt, und man sparte auch nicht mit Gastgeschenken. Gegenseitige Einladungen und Teilnahme an Gemeinschaftsessen (Symposien), die häufig in Trinkgelage ausarteten, wechselten einander ab. Besitzerweiterung und vermehrte Einflußnahme auf das gesellschaftliche Leben und das politische Geschehen erfolgten durch exogames Heiraten, das heißt durch Außenheirat (nicht innerhalb der Verwandtschaft). Im adeligen Oikos begegnen uns Begriffe wie Patrilokalität und Matrilokalität. Bei der Patrilokalität zieht die Frau nach der Heirat in das Haus des Ehemannes. Bei der Matrilokalität ist es umgekehrt, da zieht der Mann in das Haus der Ehefrau. In der bäuerlichen Gesellschaft hatten wir es ausschließlich mit einer Patrilokalität zu tun, während in der adeligen Gesellschaft beides möglich war, besonders wenn es um Besitzvermehrung ging.

Adelige Frauen genossen eine größere Wertschätzung und wurden mehr geachtet als Frauen anderer Herkunft. Sie hatten allgemein mehr Bewegungsfreiheit und konnten bei familiären und gesellschaftlichen Planungen mitreden.

Bei den Adeligen hatte der Vater die Hausgewalt bis zu seinem Tode inne. Das bedeutete, daß er nicht aus dem Hause ausziehen mußte. Die Erziehung der Kinder – nicht nur der eigenen Kinder, sondern auch die Erziehung von Sklavenkindern und denen des freien Gesindes im Adelshaus – war ein Privileg des Adels. Viele Personen wurden im adeligen Haus als Stammfamilie integriert. Söhne und Schwiegersöhne schliefen zum Beispiel in gemeinsamen Trakten. Das Gleiche galt für Töchter und Schwiegertöchter. Im Gegensatz zur adeligen Stammfamilie hatten wir es in der bäuerlichen Gesellschaft mit der Kernfamilie zu tun. In den adeligen Häusern gab es auch kein wechselndes Gesinde. Die Zahl des Gesindes, einschließlich der Sklaven, war unbegrenzt. Der einfache Bauer konnte sich einen solchen Luxus nicht leisten. Schwangere Mägde durften in adeligen Häusern bleiben und dort auch ihre Kinder großziehen. Sie wurden nicht vom Hof vertrieben! Kinder von Adeligen und Nichtadeligen wurden bis zum Alter von sechs bzw. acht Jahren gemeinsam erzogen.

Im adeligen Oikos gab es eine gewisse Rangordnung. Demnach stand die eigene Familie an der Spitze, gefolgt von den befreundeten Adeligen (*hetairoi*), den Gefolgsleuten, dem Gesinde und den Sklaven.

c) Handwerker und Händler

Beide Gruppen waren in der griechischen Gesellschaft von untergeordneter Bedeutung. Da die bäuerlichen Gemeinschaften weitgehend autark waren, bedurften sie der Händler und Handwerker so gut wie gar nicht. Zur Gattung der Handwerker (*demiourgoi*) zählten Schmiede, Töpfer, Zimmerleute und Ärzte. In öffentlichen Werkstätten (*demios oikos*) wurden Erzeugnisse für die Allgemeinheit hergestellt. Solche Werkstätten gab es nur in wenigen Dorfgemeinschaften. Hinzu kommt noch die Gruppe der Wanderhandwerker. Handwerker waren häufig behindert und daher für die Feldarbeit nicht geeignet. Sie genossen keinen guten Ruf, da von ihnen gewöhnlich ein schlechter Einfluß auf die Jugend ausging. Außerdem waren sie in der Gesellschaft nicht angesehen. Handwerker nahmen nicht an Versammlungen teil und waren weitgehend vom öffentlichen Leben ausgeschlossen.

In der frühen archaischen Gesellschaft existierte kein organisierter Handel. Gelegentlich zogen Händler aus fremden Ländern durch das Land, oder es legten phönizische Kauffahrtschiffe in griechischen Häfen an. Es waren meistens Fremde, die Handel trieben. Sie hatten keinen Anteil an der Gemeinschaft.

d) Einbindung des Oikos in die bäuerliche Gemeinschaft und in die Adelsgesellschaft

Wir haben bereits die adelige Gesellschaft sowie die personellen und materiellen Grundlagen der bäuerlichen Gesellschaft kennengelernt. Aber wie funktionierte deren Einbindung in die jeweilige Gesellschaft, und worin unterschieden sie sich voneinander?

Einbindung des bäuerlichen Oikos:

Im Gegensatz zur adeligen Gesellschaft war die bäuerliche Gemeinschaft stark von Normen geprägt, deren Einhaltung für den Erhalt eines gedeihlichen Zusammenlebens unabdingbar war. So legten die Bauern zum Beispiel großen Wert auf eine gute Nachbarschaft. Sie halfen sich untereinander in der Not. Zu Nachbarn zählten ohne Ausnahme **alle** Angehörigen der Dorfgemeinschaft. Man unterschied zwischen symmetrischer und asymmetrischer Nachbarschaft. Symmetrische Nachbarschaft bestand unter Gleichgestellten. Dagegen war eine asymmetrische Nachbarschaft durch Bittleihe und Bittarbeit gekennzeichnet.

Da die Schrift in der bäuerlichen Gesellschaft so gut wie gar nicht verbreitet war, vollzog sich die gesamte Kommunikation in mündlicher Form. Zur Übermittlung von Lebensregeln und Lebensweisheiten bediente man sich einer in Sprüchen gekleideten Sondersprache. So hieß es zum Beispiel: „Nichtarbeit ist eine Schande, Arbeit ehrt." Arbeitsamkeit und Rechtschaffenheit hatten einen hohen Stellenwert. Faulenzer und Diebe ernteten Verachtung. Da ein jeder auf einen guten Leumund bedacht war, sollte man sich mit rufschädigenden Äußerungen zurückhalten. Der Dichter Hesiod mahnte in „Werke und Tage" (760) wie folgt: „Also handle und meide den schlechten Leumund bei Menschen. Denn schlechter Ruf ist von Übel; leicht, ja kinderleicht holt man sich ihn, trägt aber schwer daran, und mühsam nur ist er zu tilgen. Nie nämlich verliert sich ganz ein Gerücht, das viele Menschen verbreiten." Es wurde ferner darauf geachtet, daß in der Familie die Autorität des Bauern nicht untergraben wurde. Erst nach der Hofübergabe – in der Regel mit 60 Jahren – erfuhr die Autorität des Bauern eine starke Einschränkung.

Zur Stärkung der Solidargemeinschaft trafen sich die Bauern in gewissen zeitlichen Abständen zu Beratungen. Dabei kamen natürlich auch aktuelle Probleme zur Sprache. So wurde beispielsweise in der Ortschaft Kyme eine

Vereinbarung getroffen, wonach die Nachbarn gestohlenes Gut gemeinsam zu ersetzen haben.

Um bei Not und Gefahr schnell zur Stelle zu sein, hatte man die Einrichtung von sogenannten „Schreimannen“ ins Leben gerufen. Sobald deren Ruf bzw. Schrei ertönte, hatte sich die gesamte Nachbarschaft am Ort des Geschehens einzufinden und Hilfe zu leisten (Löschen von Bränden, Verfolgung von Dieben, Ergreifung eines Mörders, Dammbau bei Hochwasser etc.).

In der agrarsoziologischen Gemeinschaft mußten bestimmte Normen unbedingt eingehalten werden. Bei Nichteinhaltung drohten sowohl diffuse als auch scharfe Sanktionen. Zu den diffusen Sanktionen zählten Hohn, Spott, Ehrverletzung, Ausgrenzung und damit verbunden sozialer Tod. Scharfe Sanktionen beinhalteten Rügen und die damit verbundenen Rügebräuche, welche Partialwüstungen nicht ausschlossen. Rügebräuche waren gekennzeichnet durch einen charakteristischen Formablauf mit gemeinschaftlichen Strafritualen und Termingebundenheit. Voraussetzung zur Anwendung von Sanktionen mußte ein offensichtlicher Normenverstoß sein. Als Normenverstöße galten beispielsweise:

- Ehebruch,
- Mann heiratet eine ältere Frau,
- Frau entzieht sich der Brautwerbung,
- homosexuelle Beziehung eines verheirateten Mannes,
- unterbliebene Zinszahlung,
- Schuldner gibt ausgeliehene Dinge nicht zurück.

Bei einer Heirat, die nicht den Normen entsprach, konnten folgende Rügebräuche angewandt werden:

- Demonstrationen mit viel Lärm, Geschrei und Absingen von Spottliedern sowie nächtliche Spottaufzüge (Charivari),
- Einschlagen von Türen und Fenstern,
- Eindringen in Frauenräume,
- Bräutigam wird rückwärts auf einen Esel gesetzt.

Mit diesen Bräuchen sollte die Ehre des Devianten geschädigt werden. Bei einem besonders schweren Normenverstoß kam es dann zu einer Partialwüstung. Dabei wurden Dächer abgedeckt, Brunnen zugeschüttet, Herdfeuer gelöscht, Backöfen zertrümmert und Seile für den Eimer am Brunnen abgeschnitten. Sollte sich eine Frau der Brautwerbung entziehen, hatte sie mit schlimmen Sanktionen wie Heimsuchung oder Ausfressen zu rechnen. In solch einem Fall durften die Freier in den Hof der betreffenden Frau eindringen, sich ausgiebig bewirten lassen und sämtliche Lebensmittelvorräte, einschließlich des Viehs, verzehren (ausfressen). Dies konnte unter Umständen zur Zerstörung der Lebensgrundlage der Umworbenen führen. Bei einem Voraussetzungsirrtum, zum Beispiel der Rückkehr des totgeglaubten Ehemannes, durften die Eindringlinge getötet werden. Bei einer Normenverletzung mußten dem Betreffenden die auferlegten Strafen vorher angedroht bzw. angekündigt werden. Nachbarn waren zwar Träger der Normen, aber Ausführende waren stets Ledige oder Jugendliche. Nachbarn deckten in diesem Zusammenhang Jugendliche, die in Ausübung der Rügebräuche zu weit gegangen waren, vor Gericht. Man sprach von einer „Mauer des

Schweigens". Die Beteiligung der Jugendlichen an Rügebräuchen diente dazu, daß sie die Normen und deren Anwendung kennenlernen sollten. Rügebräuche mußten stets in der Öffentlichkeit stattfinden, und der Formablauf mußte kontrollierbar sein. Rügebräuche existierten schon vor dem Jahre 700 v. Chr.

Für die Bauern war die Nachbarschaftsbeziehung die wichtigste Beziehung. Daher griff die spätere Gesetzgebung des Solon zum Teil auf die bäuerlichen Bräuche zurück.

Einbindung des adeligen Oikos:

Die Adelsgesellschaft unterschied sich wesentlich von der bäuerlichen Gemeinschaft. Bei den Adeligen war die Pflege der Freundschaft oberstes Gebot. Im Gegensatz zum bäuerlichen Oikos genoß beim Adel der Freund und Gefährte (*hetairos*) eine besondere Wertschätzung. Zwischen den Freunden bestand ein festes Treueverhältnis. Ein wesentliches Merkmal der Adeligen war das ständige Bestreben, stets der Erste und Beste in der Gesellschaft zu sein. Man spricht in diesem Zusammenhang auch vom Aristie-Ideal (*aristos*). Daraus wurde später der Begriff „Aristokratie" abgeleitet.

Es gab damals viele Möglichkeiten, sich als Bester hervorzutun, wie zum Beispiel auf dem Gebiet der verschiedenen Tugenden (*arete*). Dazu zählten vornehmlich Tapferkeit, Ehre, Klugheit, Tüchtigkeit, Gastfreundschaft, Schönheit und Körperkraft. An diesen Werten orientierte sich der Adel. Eine willkommene Freizeitbeschäftigung war der Wettkampf bzw. Kampf (*agon*), dem die Adeligen bei der Jagd, Reiterspielen, Sport, Musik und Poesie frönen konnten. Kriegerische Auseinandersetzungen (*staseis*) boten eine ideale Gelegenheit, Tapferkeit, Kraft und Geschicklichkeit mit dem Gegner zu messen und unter Beweis zu stellen. Bei diesen Kämpfen ging es meistens um Ehre, Macht und Reichtum. Der Grad der Ehre (*time*), die der Einzelne genoß, bestimmte seinen Status innerhalb der jeweiligen Adelsgruppe. In der Konversation waren Lyrik und Epik vorherrschend. Adelige distanzierten sich von den Bauern und deren Bräuchen. Sie waren nicht unbedingt auf Nachbarn angewiesen und blieben mehr unter sich. Sie zogen gemeinsam in den Kampf und standen dem Freund in Not und Leid bei. Notfalls ging man mit dem Freund oder Gefährten auch gemeinsam in den Tod. Aufrichtigkeit und Treue waren gefragt. Aus der Sicht des Adels wurden Freundschaft und Nachbarschaft als Gegensätze betrachtet. Während die Nachbarschaft von Pragmatismus und Solidarität geprägt war, wies die Freundschaft eher emotionale Züge auf. Bauern hatten polyadische und Adelige dyadische Beziehungen. Bauern und Adelige waren unterschiedlichen Normen unterworfen. Im Gegensatz zu den Nachbarschaftsnormen der Bauern konnten Normen bei Adeligen nicht eingeklagt werden. Bei Treuebruch unter Freunden flüchtete man sich in den Fluch. Der Treuebrecher wurde verflucht! Freundschaft war nicht einklagbar. Treuebruch, so glaubte man, führe zur Strafe durch die Götter. Adelige konnten mehr oder weniger tun und lassen, was sie wollten, solange es keine Gesetze gab. Ein weiterer Unterschied bestand auch bei der Freilassung von Sklaven bzw. Unfreien. Freigelassene

Sklaven bekamen von den Adeligen Land und Haus. Dagegen versuchten die Bauern zu verhindern, daß Sklaven zu freien Bürgern erhoben wurden. Im Gegensatz zu den Adeligen war bei den Bauern eine starke Gemeinschaftsbezogenheit festzustellen. Die Bauern bildeten somit ein starkes Fundament in der archaischen Gesellschaft.

Die frühgriechische Gesellschaft war eine traditionale Gesellschaft, in der sowohl die adelige als auch die bäuerliche Schicht versuchten, sich abzugrenzen und unter sich zu bleiben.

2. Organisationsstrukturen in der archaischen Gesellschaft

Trotz aller Unterschiede hatten Bauern und Adelige eine gemeinsame Organisationsstruktur. Es gab

a) die Versammlungen des Volkes,
b) die Ratsversammlungen und
c) den *Basileus*.

a) Die Versammlungen des Volkes

Volksversammlungen waren stets öffentlich-rechtlicher Natur. Sie wurden in der Regel vom Basileus – in etwa vergleichbar mit dem König aus der mykenischen Zeit – einberufen. Das Recht, das Volk zusammenzurufen, stand aber auch anderen hochrangigen Personen zu, wie zum Beispiel den *Geronten* (Ältesten). War jedoch Gefahr im Verzuge, hatte ein jeder das Recht, eine Versammlung einzuberufen. Diesem Ruf war unbedingt Folge zu leisten, bei Tag und bei Nacht! Solch eine Versammlung spielte sich folgendermaßen ab: Das Volk versammelte sich auf der *Agora,* dem Versammlungsplatz (in der Regel der Marktplatz). Der Basileus und die Geronten nahmen auf den für sie reservierten geglätteten Steinen im Versammlungsrund Platz. An einer Volksversammlung durften alle Freien teilnehmen. Meistens traten Adelige als Redner auf. Ihnen wurde vorher vom Herold der Rednerstab (Zepter) überreicht. Nichtadeligen wurde nur selten das Wort gewährt. Adelige behaupteten von sich, redegewandter und wortgewaltiger zu sein. Redner aus dem Volk wurden gelegentlich mit dem Rednerstab geschlagen und zurechtgewiesen. Bei solchen Anlässen zeigte sich, wie wenig Macht das einfache Volk besaß. Es wurde, milde ausgedrückt, kurzgehalten. Ihm fiel mehr oder weniger die Aufgabe zu, die Kulisse für solche Veranstaltungen zu bilden. Auf den Volksversammlungen wurden hauptsächlich Dinge wie zum Beispiel Häuser- und Straßenbau, Kriegsangelegenheiten, Rügen etc. behandelt. Es fanden keine formellen Abstimmungen statt, und die Versammlungen konnten jederzeit ohne Abstimmung vom Basileus aufgelöst werden.

b) Ratsversammlungen

An Ratsversammlungen nahmen ausschließlich der Basileus und die Geronten teil. Geronten waren die Dorf- oder Stadtältesten und gleichzeitig Personen mit hoher Ehre. Mitglieder der Ratsversammlung hatten einen Ratsherreneid abzulegen. Die Ratsmitglieder waren u. a. für die Ausarbeitung von Beschlüssen und deren Umsetzung zuständig. Während der Sitzungen genehmigten sich die Ratsmitglieder gelegentlich einen Ratswein (*gerusios oinos*) aus der öffentlichen Kasse. Das Volk hatte keine Möglichkeit, in die Beschlüsse einzugreifen, und der Basileus war nicht an die Beschlüsse gebunden.

c) Der *Basileus*

In der archaischen Periode Griechenlands gab es mit Ausnahme Spartas keinen geschlossenen Staat, wohl aber Städte und Stadtstaaten unterschiedlicher Größe und Prägung mit einer dominierenden Adelsgesellschaft. Aus ihrer Mitte erwuchsen die höchsten Amtsträger (*basileis*), in etwa vergleichbar mit Königen, deren Machtbefugnisse jedoch stark eingeschränkt waren. Deren Amt wechselte jährlich. Basileis wurden meistens Adelige mit dem größten Grundbesitz. Im Vergleich zu den Königen (*wanax*) der mykenischen Zeit reduzierte sich ihre Macht auf die religiöse Führung und Rechtsprechung. Außerdem waren sie Anführer in Kriegszeiten. Wie schon erwähnt, war das Zepter das äußere Zeichen ihrer Herrschaft. Herolde handelten im Auftrage des Basileus. Sie forderten Einkünfte ein und holten gestohlenes Gut zurück. Macht wurde dem Basileus als religiösem Führer durch den Göttervater Zeus verliehen, so hieß es. Daher brauchte das Volk den König (*basileus*), weil er als Mittler zwischen Zeus und dem Volk fungierte. Der König war wiederum auf die Gunst des Göttervaters Zeus angewiesen; denn es ging schließlich um die Vermittlung göttlichen Heils.

d) Rechtsprechung und Rechtsverfahren vor der Kodifizierung

Im archaischen Griechenland existierte keine zentrale staatliche Gewalt. Einzig das Haus (Oikos) war die Grundlage für das gesellschaftliche Leben. Es gab keinen politischen Überbau, nur einen Basileus (*big man*).

Die Macht des Basileus nahm aber mit der Zeit ab. Dagegen nahm die Macht der Volksversammlung zu. Wie bereits erwähnt, hatte jeder Freie das Recht, eine Versammlung einzuberufen. Auf diesen Versammlungen wurde nicht nur beraten, sondern auch Recht gesprochen. Wie sah damals die Art der Rechtsprechung aus? In der archaischen Zeit gab es anfangs noch kein geschriebenes Gesetz, nur Brauchtum, Normen und ungeschriebene Gesetze. Zu den ungeschriebenen Gesetzen gehörte auch die Blutrache. Als rechtsprechende Organe sind uns bekannt der *Istor* (Schiedsmann), das Volk und die Geronten. In der Regel fungierte der Basileus als Schiedsmann. Eine Gerichtssitzung konnte nur auf Verlangen **beider** streitenden Parteien einberufen werden. Es existierte kein Gerichtszwang. Der Istor leitete die Gerichtsverhandlung. Es ist zu bemerken, daß keine Gerichtsverhandlung in unserem Sinne stattfand. Es wurden lediglich Eide geschworen. Nicht selten wurde auf solchen Sitzungen versucht, durch Vergabe von Geschenken an die Recht sprechenden Organe, Gerichtsbeschlüsse zu beeinflussen. Häufig existierte ein gespanntes Verhältnis zwischen den Bauern und den Basileis, weil sich die letzteren bei der Rechtsprechung öfters als bestechlich erwiesen und demjenigen Recht zugestanden, der ihnen reichlich Geschenke brachte. Der Dichter Hesiod bezeichnet die Basileis in seinem Werk „Werke und Tage“ (*erga kai hemerai*, 250–270) als „Gabenfresser“, die „krumme Bescheide“ erteilen. Als Strafmaß für besonders schwere Vergehen war die Steinigung vorgesehen. Bei deren Ausführung stand jedem Versammlungsteilnehmer lediglich ein Stein zur Verfügung. Blutrache war bei Mord und Totschlag (Tötung) ein ungeschriebenes Gesetz. Der Vollzug der Blutrache mußte jedoch vorher angekündigt werden, um dem Mörder Gelegenheit zur Flucht zu geben. Häufig suchten Mörder Zuflucht (Asyl) in Heiligtümern. Dort verweilten die Angeklagten meistens bis zur endgültigen Klärung der Straftat. Nicht selten kam es vor, daß jemand von einem Mitmenschen offensichtlich unbeabsichtigt getötet wurde, zum Beispiel bei sportlichen Wettkämpfen oder Olympiaden. In solchen Fällen nahm man meistens von der Ausübung der Blutrache Abstand und einigte sich gütlich – durch Vermittlung eines Schiedsmannes – in Form einer großzügigen Entschädigung. Die Blutrache wurde, wenn unmittelbare Verwandte fehlten, in der Regel von Bruderschaften (*phratien/phylen*) vollzogen.

Wie schon erwähnt, flossen später viele der bäuerlichen Normen in das geschriebene Gesetz ein.

3. Kultur

Was tat sich in der archaischen Zeit auf dem kulturellen Sektor?

Es begann mit den **homerischen Heldenepen** „*Ilias*" (Troja) und der „*Odyssee*" sowie den Dichtungen **Hesiods.** Wer war **Homer**? Homer war der älteste griechische Dichter und nach antiker Überlieferung Verfasser der beiden vorher genannten, vollständig erhaltenen Epen sowie der *Homerischen Hymnen*. In diesem Zusammenhang erhob sich einmal die „Homerische Frage" über die Urheberschaft der Epen und die geschichtliche Existenz des Dichters sowie seiner Helden. Jedenfalls gilt als ziemlich sicher: Die Epen reichen thematisch in die mykenische Zeit zurück und entstanden in der Homer zugeschriebenen Form auf griechischem Kolonialboden in Kleinasien. Als Aufenthaltsorte des angeblich blinden Dichters werden Smyrna (heute Izmir) und die Insel Chios genannt. Dort soll er im 8. Jahrhundert gelebt haben.

Nun zum zweiten großen griechischen Kulturträger namens Hesiod.

Hesiod war ein bekannter Dichter und Sänger der damaligen Zeit und gleichzeitig ein Zeitgenosse Homers. Gebürtig war er aus Askra in Boiotien, einer Region nördlich von Athen. Er lebte zwischen 740 und 670 v. Chr. Seine bekanntesten Werke sind die „*Theogonie*", ein Schöpfungsepos, und die „*Erga*" (Werke und Tage). Dieses Werk verkündet die Macht von Gerechtigkeit und Ordnung im öffentlichen wie im privaten Leben. Es bespricht die Bedeutung von Recht und Arbeit im Zusammenleben der Menschen und endet mit Ratschlägen für die persönliche Lebensführung. Den äußeren Anlaß von „Werke und Tage" lieferte ein Rechtsstreit mit seinem Bruder Perses um das väterliche Erbe. Homer und Hesiod schufen mit ihren Werken den Griechen ihre Götter, heißt es. Dank der von den Phöniziern übernommenen einfacheren Buchstabenschrift – von den Griechen leicht abgeändert und durch Vokale ergänzt – war es nun möglich, Gedanken schriftlich zu fixieren bzw. umfangreiche Texte aufzuzeichnen. Der in den Wirren der Dorischen Wanderung verlorengegangenen umständlichen Silbenschrift, bekannt als Linear-B-Schrift, brauchte man nicht nachzutrauern.

Zur Entstehung der Dichtkunst trugen anfangs hauptsächlich die „fahrenden Sänger" bei. Unter instrumentaler Begleitung von *Lyra* und *Kithara* brachten sie Stegreifdichtung. Diese mündlich vorgetragene Dichtung (*oral poetry*) erforderte ein festes Versmaß. Später ging man über zu schriftlicher Dichtung in ionischer Sprache, die sich mehr und mehr in Griechenland durchsetzte. Die bekanntesten Dichtungsgattungen sind Lyrik, Epik und Dramatik. Sie unterscheiden sich einmal vom Inhalt her und zum anderen durch unterschiedliche Versmaße. Die Epik ist die Kunst der Erzählung in Versen oder Prosa (Epos, Ballade, Heldenlied, Fabel, Märchen). Lyrik war die von der *Lyra* begleitete Dichtkunst. Hierbei ist es schwer, Realität von Fiktion zu unterscheiden. Elegien waren von der Flöte (*aulos*) begleitete Klagelieder und Gedichte.

Während die Gattung der Großepen mit der *Ilias* und der *Odyssee* von Homer bereits im 8. Jahrhundert ihren

Höhepunkt hatte, konnte sich die Lyrik besonders im 7. und 6. Jahrhundert v. Chr. einer Blütezeit erfreuen. Namhafte Vertreter der Lyrik sind u. a.:

- der Dichter **Anakreon**, bekannt durch seine Trink- und Liebeslieder,
- die Lyrikerin **Sappho** von der Insel Lesbos mit ihren Versen über Liebe und Natur sowie Hochzeitsliedern,
- der ebenfalls aus Lesbos stammende Lyriker **Alkaios**, bekannt durch seine Spottverse,
- der altgriechische Lyriker **Pindar** (Hymnendichtung),
- **Ibykos**, ein Dichter und Sänger in Unteritalien und Sizilien, ging später an den Hof des Tyrannen Polykrates von Samos,
- der Lyriker **Tyrtaios** (Kriegslieder) und nicht zuletzt
- **Archilochos** mit seinen zum Teil deftigen Spottversen.

An der Wende vom 6. zum 5. Jahrhundert v. Chr. hat Griechenland mehrere große Dramatiker hervorgebracht, deren Werke Weltberühmtheit erlangten. Man denke dabei zum Beispiel an Aischylos, Sophokles und Euripides.

Aischylos: Aischylos wurde um das Jahr 525 v. Chr. in Eleusis – nordwestlich von Athen gelegen – in der Region Attika geboren. Er nahm an den Perserkriegen teil und kämpfte u. a. bei Marathon und Salamis. Außerdem ist er der erste große Tragödiendichter. Von seinen ungefähr 90 Werken sind heute noch sieben vollständig erhalten geblieben. Dazu zählen auch „Die Perser", „Orestie", „Sieben gegen Theben“ und „Prometheus“. Bei der Aufführung seiner Tragödien wartete er mit einer Neuerung auf, indem er einen zweiten Schauspieler einführte, wodurch die Handlung und der Dialog gegenüber dem Chor verstärkt wurden. In seinen Werken kamen die Abhängigkeit und die Furcht der Menschen vor Strafe durch die Götter zum Ausdruck, für den Fall, daß man gegen die göttlichen Gesetze verstieß oder sich gegen dieselben auflehnte. Aischylos beschloß sein Leben in Ela auf Sizilien im Jahre 456 v. Chr.

Sophokles: Der um das Jahr 496 v. Chr. in Athen geborene griechische Tragiker stammte aus einer wohlhabenden Athener Familie. Neben seiner Dramendichtung betätigte er sich in den Jahren 443–442 v. Chr. als Schatzmeister des Attischen Seebundes, und von 441 bis 440 v. Chr. befehligte er zusammen mit dem athenischen Staatsmann Perikles die Flotte. Er galt als Rivale des Aischylos und versuchte – auch mit Erfolg – durch Einführung eines dritten Schauspielers und Vergrößerung des Chores von zwölf auf 15 Mitglieder seinen Tragödien mehr Ausdruck zu verleihen, um damit auf die Zuschauer eine größere Wirkung zu erzielen. Von seinen 123 Dramen sind – ähnlich wie bei Aischylos – nur ganze sieben erhalten geblieben. Dabei handelt es sich u. a. um „Antigone“, „König Ödipus“, „Elektra“ und „Philoktet“. Einen Schwerpunkt in seinen Dramen bildete die Auseinandersetzung des Menschen mit dem ihm von den Göttern zugedachten Schicksal. Sophokles verstarb im Jahre 406 v. Chr. als einer der großen Tragödiendichter in Athen.

Euripides: Ohne Euripides wäre das Trio der großen griechischen Tragödiendichter nicht komplett. Euripides erblickte im Jahre 485 v. Chr. auf der Insel Salamis das Licht der Welt. Er stand seinen beiden Zeitgenossen Aischylos und Sophokles in nichts nach. Im Gegenteil, er gewann mehrere Siege im athenischen Dichterwettstreit. Von seinen 82 Dramen sind nur 17 erhalten geblieben, darunter „Medea", „Alkestis", „Andromache", „Herakliden", „Helena", „Elektra" und „Iphigenie in Aulis". Als Schüler der Sophisten war er skeptisch und grüblerisch und ließ in seinen Werken die Menschen mit ihrem Schicksal hadern. Man vermißt darin die Frömmigkeit eines Aischylos und die Harmonie eines Sophokles. Euripides starb im Jahre 406 v. Chr. in Pella, Makedonien, als einer der Großen der Weltliteratur.

4. Wissenschaft

Wie sah es auf dem Gebiet der Geistes- und Naturwissenschaften aus? Gegen Ende des archaischen Zeitalters brachen sich philosophisches und naturwissenschaftliches Denken Bahn. Philosophisches Denken ging meistens naturwissenschaftlichen Erkenntnissen voraus. Häufig ging beides auch Hand in Hand. Man versuchte, Vorgänge in der Natur, die man früher den Göttern zuschrieb, auf logische und rationale Weise zu erklären. Den Überlegungen und Forschungen lag meist die Frage nach dem Anfang (*arché*) zugrunde. Zu den bekanntesten Denkern (man nennt sie Vorsokratiker) der damaligen Zeit zählen u. a.: Thales, Anaximandros, Anaximenes, Pythagoras, Heraklit, Anaxagoras, Xenophanes und Zenon von Elea.

Beginnen wir mit **Thales**: Thales zählt zu den Vorsokratikern, welche sich hauptsächlich naturwissenschaftlichen Themen widmeten. Thales stammte aus Milet in Kleinasien und lebte zwischen 624 und 540 v. Chr. Er befaßte sich u. a. mit Astronomie, Mathematik und Physik und machte sich dabei Gedanken über den Ursprung des Seins. Von ihm stammt die Lehre von den vier Prinzipien (Elementen): Wasser, Feuer, Erde und Luft. Durch Vermischung der Elemente mit Wasser sei alles Sein (Materie) entstanden. Er lehrte, daß Wasser der Urstoff sei, aus dem sich alle Materie zusammensetze. Um seine astronomischen Kenntnisse unter Beweis zu stellen, sagte er zum 28. Mai des Jahres 585 v. Chr. eine Sonnenfinsternis voraus. Genau zu diesem Datum fand ein Krieg zwischen

Medern und Lydern statt. Am bekanntesten ist allerdings der nach ihm benannte **Thales-Satz** oder **Thales-Kreis**, wonach alle Winkel, deren Scheitel auf einem über der Hypotenuse errichteten Halbkreis liegen und deren Schenkel die Hypotenuse berühren, rechte Winkel sind.

Anaximandros: Anaximandros erblickte um 610 v. Chr. in Milet das Licht der Welt. Er war Naturphilosoph sowie Schüler und Nachfolger des Thales von Milet. Er erstellte als erster in Prosa eine Theorie über die Entstehung der Welt. Demnach soll die wie ein flacher Zylinder gedachte Erde aus einem unbekannten Urstoff (*apeiron*) in einer Wirbelbewegung entstanden sein und sich im Mittelpunkt eines sich als Hohlkugel gedachten Weltalls befinden. Anaximandros soll die Sonnenuhr erfunden haben. Außerdem hatte er eine Karte der bewohnten Erde (mit Land und Meer) gezeichnet. Damit gilt er als Begründer der wissenschaftlichen Geographie. Er beschäftigte sich ferner mit Abständen, Größe und Bahnen der Gestirne. Die menschliche Seele soll Anaximandros für aus Luft bestehend gehalten haben. Er verstarb im Jahre 546 v. Chr.

Anaximenes: Anaximenes von Milet lebte zwischen 585 und 525 v. Chr. und zählt zu den vorsokratischen Naturphilosophen. Man nimmt an, daß er ein Schüler des Anaximandros war. Statt des unbekannten Urstoffes Apeiron hielt Anaximenes die Luft für den unendlichen, göttlichen Urstoff. Er war der Meinung, daß alle Dinge und Wesen aus Verdünnung bzw. Verdichtung der Luft entstanden seien. So wie die Seele den Menschen regiere und zusammenhalte, erklärte er, umgebe die Luft die ganze Welt. Anaximenes soll als erster behauptet haben, der Mond beziehe sein Licht von der Sonne. An der Vorstellung, daß die Erde eine Scheibe sei, hielt er jedoch fest.

Pythagoras: Pythagoras wurde um 570 v. Chr. auf der Insel Samos geboren und zählte zu den bedeutendsten Philosophen seiner Zeit. Er unternahm ausgedehnte Reisen in den Orient, siedelte später nach Kroton in Unteritalien über und gründete dort die Lebensgemeinschaft der Pythagoreer. Er entwickelte eine Lebensanschauung, die mit einer Religion vergleichbar war. Einer der Leitgedanken war die seelische und körperliche Reinheit. Seele und Körper stünden in ständiger Wechselwirkung. Was den Körper belaste, hindere die Seele an der Erkenntnis. Nur im Zustand der Reinheit sei die Seele zur Erkenntnis fähig, und nur der Reine habe Zugang zu den Göttern. In diesem Zusammenhang war er gegen Tieropfer. Er nahm auch keine tierische Nahrung zu sich. In der vom ihm gegründeten Schule lehrte er, daß die Verunreinigung der Seele durch Unrechttun viel schlimmer sei als die auf den Körper bezogene Nichterfüllung eines Reinheitsgebotes. Ferner lehrte er von der Seelenwanderung und der Unsterblichkeit der Seele. Damit galt er als Ahnherr der Seelenwanderung in der griechischen Welt. Pythagoras befaßte sich auch u. a. mit Mathematik (Geometrie), Astronomie und der Harmonielehre. Am bekanntesten ist sein Lehrsatz, der auch in der heutigen Zeit seine Gültigkeit nicht verloren hat, nämlich daß bei einem rechtwinklig-gleichschenkligen Dreieck der Flächeninhalt des Hypotenusenquadrats dem der beiden Kathetenquadrate entspricht. Dieser Lehrsatz war übrigens schon den Babyloniern bekannt. Er lehrte auch, daß die Harmonie im Weltganzen sich in den Zahlen manifestiere, speziell in der Astronomie und der Akustik. Ein Ausdruck der Harmonie und Vollkommenheit war u. a. der sogenannte „Goldene Schnitt".

Die Lehren des Pythagoras riefen bei seinen Gegnern bewaffneten Widerstand hervor. Die Pythagoreer wurden verfolgt, und Pythagoras floh im hohen Alter nach Metapontion am Golf von Tarent, wo er etwa um 480 v. Chr. starb.

Xenophanes: Der Dichter und Philosoph Xenophanes wurde um 565 v. Chr. in Kolophon (Kleinasien) geboren. Er siedelte später über nach Elea in Unteritalien. Dort wurde er zum Begründer der eleatischen Philosophenschule. In seiner Lehre wandte er sich gegen den polytheistischen Glauben, wie er von Homer und Hesiod den Griechen vermittelt wurde, und stellte den vielen Göttern einen einzigen höchsten Gott gegenüber. Aus der eleatischen Schule des Xenophanes ging der spätere Philosoph Parmenides hervor. Um 470 v. Chr. nahm Xenophanes für immer Abschied von dieser Welt.

Heraklit von Ephesos: Heraklit (*Herakleitos*) war ein griechischer Naturphilosoph und lebte zwischen 550 und 480 v. Chr. in Ephesos. Er stammte aus einer alteingesessenen Familie, bei der die Priesterwürde vererbbar war. Als dieses Priestertum auf Heraklit kam, trat er es an seinen Bruder ab. Als Angehöriger des Stadtadels lehnte er den in Ephesos herrschenden Demos (Volksvertretung) mit Verachtung ab. Für Heraklit war das Feuer der Urgrund aller Materie bzw. alles Seienden. Er vertrat die These, daß das Weltfeuer mit dem in ihm wirkenden Geist (*logos*) durch positive und negative Impulse die vielfältige und auch gegensätzliche Welt der Erscheinungen wie Wärme und Kälte, Tag und Nacht, Sommer und Winter, Leben und Tod hervorgebracht habe. Er spricht von einem Gesetz des Entstehens und Vergehens und neuen Werdens als ewigem Kreislauf („Alles fließt"). Seine philosophischen Erkenntnisse waren in einer Prosaschrift niedergelegt. Wegen seines schwer verständlichen Denkens hatte man ihm den Beinamen „der Dunkle" gegeben.

Anaxagoras: Anaxagoras, ebenfalls ein vorsokratischer Naturphilosoph, wurde um 500 v. Chr. in Klazomenai bei Smyrna (Izmir) geboren. Im Jahre 460 v. Chr. verlegte er seinen Wohnsitz nach Athen, wo er mit Perikles befreundet war und auf den Dichter Euripides und den Philosophen Sokrates wirkte. Wie seine Vorgänger suchte er eine Erklärung für die Entstehung der Welt. Er lehrte, daß alles materielle Sein sich aus einer Mischung vieler kleiner von einem allmächtigen Geist belebter Teilchen bzw. Urkörperchen bilde. Wie bei einer Zentrifuge seien die leichten Teilchen nach außen geschleudert worden, während sich die schweren Teilchen in der Mitte konsolidierten. Dieser Vorgang sei nicht allein aus der Natur heraus entstanden, sondern von einem unsichtbaren, mächtigen Geist, einer kosmischen Vernunft (*nous*) gelenkt worden.

In Athen wurde Anaxagoras wegen Religionsfrevels angeklagt und zum Tode verurteilt. Seinem Freunde Perikles hatte er es zu verdanken, daß diese Strafe in Verbannung umgewandelt wurde. Im Jahre 428 v. Chr. verstarb er in der Verbannung in Lampsakos am Hellespont.

Es fällt auf, daß die meisten der vorsokratischen griechischen Philosophen bzw. Naturphilosophen ihre Heimat in Ionien an der Westküste Kleinasiens hatten. Vielleicht lag das daran, daß sie sich dort freier entfalten konnten und nicht durch religiöse Vorschriften, Gesetze und Regeln in ihrem Denken eingeengt waren, wie es im griechischen Mutterland der Fall war.

5. Sport

Was tat sich auf dem sportlichen Sektor? Nach einer viele Jahrhunderte währenden Pause wurden wieder Wettkämpfe auf sportlichem und künstlerischem Gebiet veranstaltet, so wie damals in mykenischer Zeit, aber nach genau festgelegten Regeln. Alle vier Jahre fanden sich Wettkämpfer aus allen Teilen Griechenlands in Olympia – in der Landschaft Elis auf der Peloponnes gelegen – ein, um zu Ehren des Göttervaters ***Zeus*** an den größten sportlichen Veranstaltungen in Hellas, den **Olympischen Spielen**, teilzunehmen.

Ab dem Jahre 776 v. Chr. fanden diese Wettkämpfe Eingang in die Annalen, obwohl sie schon etliche Jahre früher stattgefunden haben. Zugelassen als Teilnehmer waren nur freie, männliche Bürger. Vor dem offiziellen Beginn der Wettkämpfe mußten die Teilnehmer einen Eid schwören, die vorgeschriebenen Regeln genau einzuhalten. Die Kämpfer traten nackt zum Wettkampf an. Die sportlichen Disziplinen beinhalteten: Wettläufe über mehrere Distanzen, Speerwurf, Diskuswerfen, Sprungübungen, Faustkampf, Ringen, Pankration (kombinierter Faust- und Ringkampf), Pentathlon (Fünf- bzw. Mehrkämpfe), Pferde- und Wagenrennen. Unverheiratete Frauen durften zuschauen, während die Anwesenheit verheirateter Frauen und Unfreier (Sklaven) nicht erlaubt war. Unter Androhung der Todesstrafe war ihnen auch untersagt, als Wettkämpfer an den Spielen teilzunehmen. Die Spiele bzw. Kämpfe währten volle fünf Tage. Die Sieger (Olympioniken) erhielten als Preis einen Kranz aus

Zweigen vom wilden Ölbaum. In ihrer jeweiligen Heimat wurden ihnen hohe Ehren zuteil. Sie erhielten wertvolle Geschenke, mitunter Steuerfreiheit, Pensionen oder auch lebenslang freie Mahlzeiten. Um die Sicherheit der Spiele und die ungefährdete An- und Abreise der Teilnehmer sowie der Zuschauer zu gewährleisten, herrschte während des Monats der Olympischen Spiele im ganzen Lande Waffenruhe. Die Wettkämpfe beinhalteten nicht nur sportliche Disziplinen, sondern zusätzlich Wettbewerbe in Gesang und Dichtkunst. Auch an anderen Orten des Landes, wie zum Beispiel in Delphi, Korinth, Nemea und Athen, fanden – allerdings in unregelmäßigen Abständen – Wettkämpfe statt. Aber keine andere Wettkampfstätte hatte für Gesamtgriechenland die besondere Bedeutung, wie sie Olympia hatte.

Im Jahre 393 n. Chr. wurden die Olympischen Spiele vom römischen Kaiser Theodosius verboten.

6. Heerwesen

Es gab damals, zu Beginn der archaischen Zeit, keine zentral gelenkte, einheitliche Armee in Griechenland. Jede Stadt bzw. jeder Stadtstaat hatte eigene bewaffnete Kräfte. Die schwerbewaffneten Krieger, Hopliten genannt, kämpften ausschließlich zu Fuß und bildeten seit Ende des 8. Jahrhunderts v. Chr. den Kern der griechischen Heere. Ihre Ausrüstung bestand aus Helm, Brustpanzer mit Vorder- und Rückenteil, Beinschienen, einem Rundschild von 90 Zentimeter Durchmesser, Lanze und Kurzschwert. Die Rüstung bestand überwiegend aus Bronze. Zum Teil wurde auch Leder mit verarbeitet. Gegen Ende des 8., Anfang des 7. Jahrhunderts v. Chr. wurde eine neue Kampfesweise eingeführt. Man ging von der gelockerten Kampfesweise zum Kampf in festgefügter Formation über. Es wurde die sogenannte Hoplitenphalanx ins Leben gerufen. Der Begriff Hoplit entstammt den griechischen Wörtern *to hoplon / ta hopla*, welches soviel wie Waffen bzw. Vollrüstung bedeutet. Die Phalanx war bis zu acht Reihen tief gestaffelt und trat als geschlossener Block auf. Diese neue Kampfesweise zielte darauf ab, den Gegner niederzurennen bzw. ihn zur Flucht zu bewegen. Mit dem Schlachtruf, dem Paian, auf den Lippen stürmte man auf den Feind los. Übrigens, der Paian war ursprünglich ein Chorlied bzw. eine Hymne mit ernstem, feierlichem Charakter. Mit der Einführung der Phalanx war die Zeit der adeligen Einzelkämpfer vorbei. Die neue Schlachtordnung erforderte eine große Zahl an Kämpfern, die nicht allein durch die Adeligen gestellt werden konnten. Wie war dem Mangel abzuhelfen? Ganz einfach! Man griff zwangsläufig auf das große Bauernpotential zurück. Die Bauern wurden gezwungen, sich Rüstungen anzuschaffen und im Kriegsfall mit den Adeligen Seite an Seite zu kämpfen. Dies war nicht unbedingt ein Nachteil für die Bauern, sondern brachte ihnen auch gewisse Vorteile. Auf diese Weise erwarben Kriegsdienst leistende Bauern mitunter politische Rechte. In späterer Zeit durften sie zum Beispiel in Recht sprechenden und beschließenden Organen mitwirken und konnten innerhalb des Heeres zu Unterführern (*lochagen*) aufsteigen. Außerdem kam es durch gemeinsames Handeln von Adeligen und Bauern zu einer gewissen Integration der sozialen Schichten. Man trug gemeinsam Verantwortung und lernte sich gegenseitig zu respektieren. Das einst von gegenseitiger Abneigung geprägte Verhalten machte allmählich einem Gefühl der Verbundenheit Platz.

7. Kolonisation

a) Allgemeines

Im 8. Jahrhundert, also über 400 Jahre nach der Ägäischen Wanderung, gerieten große Teile Griechenlands erneut in Bewegung. Dieser neue Aufbruch wird in der Geschichte in Anlehnung an die Ägäische Wanderung auch als die „zweite griechische Kolonisation" bezeichnet. Die Kolonisation hat gegenüber der Wanderung mehr oder weniger Ausdehnungscharakter, wobei die alten Wohnsitze erhalten bleiben und noch neue hinzugewonnen werden. Im Gegensatz hierzu gerät bei Wanderungen jeweils der gesamte Volkskörper in Bewegung. Das ist bei einer Kolonisation jedoch nicht der Fall. Kolonisierung setzt stets zivilisatorische Grunderfahrungen voraus. Bei der Besiedlung neuer Gebiete trafen die Griechen häufig auf Bewohner mit einer relativ niedrigen Zivilisations- und Organisationsstufe. Von daher stießen sie bei der Erschließung neuer Siedlungsräume auf keinen nennenswerten Widerstand. Erwähnenswert erscheint die Tatsache, daß es außer den Phöniziern keine zur See fahrende Bevölkerung gab, die zur Küstenverteidigung in der Lage gewesen wäre. Bei der Landsuche folgte man bekannten Handelsrouten und ließ sich vorzugsweise in der Nähe von Handelsstützpunkten nieder. Dies hatte zur Folge, daß kaum kontinentale Räume erschlossen wurden, sondern ausschließlich Randzonen, sprich: Küsten.

In diesem Zusammenhang soll Platon einmal gesagt haben, daß die Griechen wie Frösche am Rande eines

Teiches säßen. Man hätte die Ägäis quasi als griechisches Binnenmeer bezeichnen können.

b) Ursachen

Der enorme Anstieg der Bevölkerungszahlen in Griechenland, die Verknappung des Bodens (bedingt durch Realteilung), Verschuldung der Bauern, Dürreperioden, Mißernten und der damit einhergehende Nahrungsmangel lösten eine riesige Auswanderungswelle aus. Ferner trugen eine Ausweitung des Seehandels, der Aufschwung des Handwerks und politische Emigration explosionsartig zu einer Kolonisierung des Mittelmeerraumes bei.

c) Organisation

Schwerpunkte der Besiedlung waren hauptsächlich die Küsten Kleinasiens, Thrakiens, des Schwarzen Meeres, des Bosporus und des Golfs von Korinth. Es kamen hinzu die Küsten Siziliens, Süditaliens, Südfrankreichs und Spaniens. Bevorzugt ließ man sich an Stellen nieder, wo es guten Boden für die Landwirtschaft sowie geeignete Schiffsanlegeplätze und lukrative Bodenschätze gab. Kenntnisse über günstige Siedlungsgebiete erlangte man durch Kaufleute und Händler. Uns sind in diesem Zusammenhang zwei Typen von Kolonien bekannt:

a) Agrarkolonien und
b) Handelsplätze mit Häfen.

Im 7. und 8. Jahrhundert v. Chr. ergingen immer wieder Aufrufe an die Griechen, an Koloniegründungen teilzunehmen. Inselkolonisten sicherten sich schnell Landbesitz in Kleinasien (Ephesos, Knidos). Die Gründung einer Kolonie erfolgte durch eine Mutterstatt (*metropolis*). Die neu gegründeten Siedlungen wurden als Pflanzstädte bezeichnet. Erstsiedler stiegen unter der Leitung eines Gründers (*oikistes oder archegetes*) in die Boote und begaben sich auf Landsuche. Ein solcher Siedlungsverband bestand in der Regel aus ca. 200 Personen. Die Neugründungen wiesen gegenüber dem Mutterland bzw. der Mutterstadt eine Reihe von Veränderungen auf:

- Jeder Siedler bekam ein gleich großes Stück Land.
- Die Grundstücke wurden verlost.
- Parzellen wurden im voraus für neue Siedler ausgewiesen.
- Siedler durften während der ersten fünf Jahre nicht in die alte Heimat zurückkehren.
- Ein Verkauf der ersten Landlose war untersagt.
- Das Erbrecht wurde neu gefaßt.
- Alle Siedler waren gleichgestellt.
- Aufkommen von Ständen (Handwerker, Kaufleute).
- Es gab keine unterschiedlichen Schichten in der Gesellschaft wie im Mutterland.
- Schriftliche Fixierung von Gesetzen, bestehend aus alten und neuen Gesetzen (eine schriftliche Gesetzesfixierung erfolgte auch später im Mutterland).
- Entstehung eines neuen Stadtbildes, dank neuer Städteplanung: Anstelle der gewachsenen Städte im Mutterland entstanden Städte nach dem Plan- oder

Rastersystem von Hippodamos, dem griechischen Städteplaner aus Milet. Die gleich großen Baulose waren schachbrettartig mit einem streng rechtwinkligen Straßennetz angelegt. Im Zentrum waren Freiflächen für die Einbindung öffentlicher Plätze und Gebäude vorgesehen. Hippodamos entwarf zum Beispiel Stadt und Hafen von Piräus („Hippodamisches System“).

Da es in dieser Zeit noch keinen griechischen Gesamtstaat mit zentraler Lenkung gab, entwickelte jede Kolonie, jede Insel, jede Stadt ihre eigene Regierungsform und Verfassung. Es herrschten Könige, Aristokraten, Geldleute und auch Tyrannen.

d) Soziale Strukturen

Wie sah es mit den sozialen Strukturen in den neuen Kolonien aus? Anhand von Berichten und archäologischen Funden ist davon auszugehen, daß diese unterschiedlich waren. Zunächst einmal waren alle Siedler gleichberechtigt. Es existierte keine kleinbäuerliche Schicht mehr. Die Erstsiedler stellten eine privilegierte Gruppe dar. In Syrakus war es zum Beispiel der Reiteradel (*gamoroi*). Frauen wurden auf den Schiffen gleich mitgebracht oder vor Ort geraubt. Verschiedentlich war es auch verboten, Einheimische zu heiraten. Auf Sizilien vertrieb man kurzerhand die einheimischen *Sikuler* und *Sikaner*. Die Vorbevölkerung wurde zum Teil zur Knechtschaft herangezogen. Die Güter des Reiteradels wurden von Angehörigen der Vorbevölkerung (*killyrioi*) bewirtschaftet. Die Killyrioi stellten eine unterprivilegierte Schicht dar. Dagegen wurden die einheimischen Mariandyner in Herakleia am Schwarzen Meer in die griechischen Siedlungen integriert. Im Schwarzmeerraum hatte man zum Beispiel bei Ausgrabungen Grubenhäuser der ersten Siedler entdeckt. In verschiedenen Siedlungsgebieten wurden Gräberfelder freigelegt, die sich von denen der griechischen Siedler besonders durch die Grabbeigaben unterschieden. Hier hatte man es offensichtlich mit unterschiedlichen Kulturen zu tun.

Eines ist jedoch klar: Die Bauern in den Kolonien waren allgemein besser gestellt als diejenigen im Mutterland. Wie schon erwähnt, gab es griechische Siedlungen im gesamten Mittelmeerraum, wobei die Siedlungen an den Küsten Kleinasiens und des Schwarzen Meeres überwogen. Besonders gefragt waren Siedlungsgebiete an der Schwarzmeerküste, schon allein wegen des guten Bodens, der sich hervorragend zum Getreideanbau eignete. Zu den größeren Kolonien am Schwarzen Meer zählten u. a. Byzanz, Chalkedon, Sinope, Trapezunt, Odessos und Kallatis.

Obwohl die Kolonien politisch selbständig waren, bestand auch weiterhin eine Verbindung zu den Mutterstädten durch gemeinsame Kulte und Sitten. So war zum Beispiel Milet Mutterstadt von mehr als 90 Pflanzstädten in Kleinasien und dem Schwarzen Meer. Einmal jährlich, zu besonderen kulturellen Festen, übersandten die Tochterstädte Opfergaben an die Mutterstädte. Merkwürdigerweise läßt sich nur eine geringe Beteiligung Spartas und Athens an den Koloniegründungen feststellen. Die Kolonien mußten sich übrigens selber versorgen und konnten nicht auf Unterstützung durch die Mutterstädte rechnen.

e) Koloniegründungen im westlichen Mittelmeer

Bereits ein halbes Jahrhundert vor den Griechen hatten die Phönizier von Tyros aus im größeren Stil schwerpunktmäßig mit der Besiedlung des westlichen Mittelmeerraumes begonnen. Zu deren Siedlungsgebieten gehörten u. a. Nordafrika, Sizilien, Sardinien, Spanien und Kampanien am Golf von Neapel. Die mit Abstand größte phönizische Siedlung war zu dieser Zeit Karthago in Nordafrika (gegründet im Jahre 814 v. Chr.). Karthago hatte aber das westliche Mittelmeer für eine Kolonisierung anderer Anrainer gesperrt. Dadurch war eine Konfrontation mit griechischen Siedlern vorprogrammiert. Küsten und Inseln des westlichen Mittelmeeres waren gleich einem Netz von phönizischen Stützpunkten, Umschlaghäfen und Pflanzstädten überzogen. Mutig ließen sich die griechischen Siedler trotzdem im Einflußbereich Karthagos nieder. So wurden größere Kolonien auf Sizilien (Syrakus, Himera und Megara-Hyblaia), in Italien (Rhegion, Kroton, Tarent, Kyme und Neapel), in Südfrankreich (Massilia = Marseille, Nikaia = Nizza) und in Spanien (Emporiai, Mainake und Hereoskopeion) gegründet.

An der nordafrikanischen Küste fand, von wenigen Ausnahmen abgesehen, so gut wie keine griechische Besiedlung statt. Hier gewannen nur Kyrene und Naukratis als Handelszentren an Bedeutung. Die Gründung von Kyrene in Jahre 630 v. Chr. hat eine besondere Vorgeschichte: Auf der kleinen Kykladeninsel Thera, dem heutigen Santorin, herrschte einst eine große Hungersnot. Die Insel konnte die vielen Bewohner nicht mehr ernähren. Nach wiederholter Befragung des Orakels zu Delphi, was in dieser schlimmen Situation zu tun sei, erteilte der Gott *Apollon* den Rat, in Afrika eine Kolonie zu gründen. Da sich die heimatverbundenen und inseltreuen Bewohner weigerten, diesen Rat zu befolgen, mußte durch einen Beschluß der Volksversammlung nachgeholfen werden, wonach einer von zwei männlichen Nachkommen die Insel zu verlassen habe. Schließlich bestieg eine durch das Los bestimmte Gruppe von 250 Siedlern unter Führung des Gründers **Batos** in Thera die Schiffe und stach in See auf der Suche nach neuem Siedlungsraum. Man landete in Platea und stellte fest, daß dieser Platz für eine Besiedlung nicht geeignet war. Enttäuscht kehrte die Gruppe nach Thera zurück, wurde dort aber nicht an Land gelassen; denn nach einem Beschluß der Volksversammlung war eine Rückkehr frühestens nach fünf Jahren erlaubt. Nach siebenjähriger Irrfahrt landete die Gruppe an der nordafrikanischen Küste und gründete außer Kyrene auch noch Appolonia als neue Kolonie.

Ebenso interessant erscheint auch die Siedlungsgeschichte von Kyme im 8. Jahrhundert v. Chr. Kyme war die erste griechische Siedlung an der Westküste Italiens. Sie wurde von Chalkidiern aus Euboia gegründet und war ein Vorposten griechischer Zivilisation im westlichen Mittelmeer. Wegen des langen Seeweges war die Kolonie quasi vom Mutterland abgeschnitten und völlig auf sich allein gestellt. Für Italien war Kyme sowohl in zivilisatorischer als auch in kultureller Hinsicht von Bedeutung. So hielt u. a. das Alphabet von Kyme aus bei den Etruskern Einzug und wurde dann später von den Römern in leicht abgewandelter Form übernommen. Auch die Orakelbücher (*libri Sibyllini*), die im offiziellen römischen Kultus eine große Rolle spielten, stammten aus Kyme. Kyme ist als Siedlung nicht sehr groß geworden. Im 5. Jahrhundert v. Chr. wurde in der Nähe von Kyme eine Neustadt (*Neapolis*), das heutige Neapel, gegründet, welches die ursprüngliche Gründerstadt bald überflügelte und deren Erbe antrat. Hier hatte sich das Griechentum noch weit bis in die Kaiserzeit gehalten. Auf Sizilien galt Naxos als eine der ältesten und Syrakus als eine der größten griechischen Kolonien.

Mit dem Beginn der Kolonisation nahmen auch Handel, Handwerk und ganz besonders der Seehandel einen enormen Aufschwung. Über die Kolonien gelangten jetzt im Austausch gegen Öl und Wein reichlich Getreide aus dem Schwarzmeergebiet und Sizilien, Zinn aus Britannien sowie wertvolle Metalle aus Massilia und Etrurien nach Griechenland.

Jedenfalls bildete die griechische Kolonisation die Grundlage für das Aufkommen eines gesamtgriechischen Identitätsgefühls.

8. Tyrannis

Die Tyrannis war eine Herrschaftsform, die von Kleinasien auf Griechenland überschwappte und an der einige griechische Adelige Gefallen fanden und sie schließlich auch praktizierten. Das Wort Tyrannis steht als Synonym für Alleinherrschaft/Gewaltherrschaft und hat seinen Ursprung vermutlich in Lydien. Dort bedeutete es soviel wie Monarchie. Der bekannteste Vertreter der Tyrannis war der lydische König Kroisos mit Regierungssitz in Sardes. Berühmt wurde er weniger durch seine Taten als durch seinen Reichtum. Für den Reichtum sorgten die Edelmetallvorkommen (*billon*) in den Minen des Tmolosgebirges. Im 7. und 6. Jahrhundert v. Chr. ließ sich ein verstärktes Aufkommen der Tyrannis sowohl auf dem griechischen Festland als auch auf den Inseln und in den neuen Kolonien feststellen. Was waren die Ursachen bzw. deren Voraussetzungen? Als Hauptgrund war wohl das wettstreitige (*agonale*) und zum Teil auch normenüberschreitende (*transgressive*) Verhalten der Adeligen und anderer fürstlicher Herren anzusehen. Es ging diesem Personenkreis hauptsächlich um Einfluß, Macht und Ansehen. Nicht selten wurden dabei Normen außer Acht gelassen bzw. überschritten. Zur Erreichung ihrer Ziele konnten sich die Adeligen auf ihre Gefolgschaft und zu einem nicht geringen Maße auch auf unzufriedene Bauern, Zuwanderer und Hörige stützen. Die Adeligen versuchten sich gegenseitig zu übertreffen. Zur Stärkung ihrer Macht warben sie zusätzlich Söldner an. Nach einem Sieg über die Rivalen war der Weg frei für den Alleinherrscher (Tyrannen). Bei der Tyrannis befindet sich die Staatsgewalt in **einer** Hand. Einer der Wege zur Machtergreifung in den Poleis (Stadtstaaten) führte über das Amt des *Archon Eponymos* (höchster Beamter mit Sondervollmachten / oberster Stadtvorsteher) bzw. über das Amt des *Archon Polemarchos* (oberster Feldherr). Durch Ruhm und gute Taten im Interesse der Allgemeinheit genossen die Tyrannen häufig hohes Ansehen bei der Bevölkerung. Es fand zum Beispiel keine Zerstörung der sozialen Strukturen statt. Die soziale und politische Ordnung blieb erhalten.

Mit der Abschaffung des Königtums in Athen im Jahre 683 v. Chr. hatte man den ersten Schritt in Richtung Tyrannis getan. Die treibende Kraft war der Adel. Um das Jahr 650 v. Chr. hatte die Tyrannis eine Blütezeit. Es war die Strategie der Tyrannen, sich zuerst der Städte zu bemächtigen. Tyrannisherrschaften konzentrierten sich auf das griechische Mutterland und – abgesehen von wenigen Ausnahmen – auf die kleinasiatischen Kolonien. In der Regel hatten sie nach zwei Generationen ausgedient. Dazu gibt es genügend Beispiele.

Die erste uns bekannte Tyrannis kam um 650 v. Chr. in Korinth auf, unter **Kypselos**. Über Leben und Wirken des Kypselos berichtet Nikolaos von Damaskus: Kypselos sollte aufgrund eines Orakelspruches bei seiner Geburt getötet werden. Seine Mutter, „Labda die Hinkende", versteckte ihn vor seinen Häschern in einer Lade, wo er nicht gefunden wurde. Die Jahre vergingen und Kypselos machte im Staatsdienst Karriere. Ihm wurde eines Tages das Amt eines Feldherrn verliehen. Mit Hilfe getreuer Adeliger (*hetairoi*) und der Bauern gelangte er zur Alleinherrschaft. Vor ihm war das unbeliebte Adelsgeschlecht der Bakchiaden an der Macht. Ihnen wurde Unterdrückung und Bereicherung durch Erhebung überhöhter Steuern, Zölle und Hafengebühren vorgeworfen. Als erstes stürzte Kypselos die herrschenden Bakchiaden und zog deren Güter ein. An direkten Steuern forderte er lediglich den zehnten Teil ein. Hinzu kamen nur einige unwesentliche indirekte Steuern. Es ist bekannt, daß er in Delphi ein Schatzhaus errichten ließ, das „Schatzhaus des Kypselos“. Außerdem errichtete er eine Zeus-Statue in Olympia. Söhne von Nebenfrauen des Kypselos wurden als Siedlungsgründer (*oikisten*) in Richtung Leukas, Anaktorion und Ambrakia verabschiedet. Seine große Familie betrachtete er als unersetzliche Stütze in seiner 30jährigen Regierungszeit. Unter Kypselos erlebte Korinth seine große Blütezeit und wurde erste Seemacht in Griechenland. Kypselos verstarb im Alter von 85 Jahren. Nachfolger wurde der Sohn seiner Hauptfrau, **Periandros**. Periandros (627–587 v. Chr.) war ein gewissenloser, grausamer Herrscher. Seine Frau Melissa tötete er aus unbekannten Gründen. Während seiner Herrschaft beseitigte er kaltblütig konkurrierende Adelige und legte sich eine Leibwache zu. Andererseits war er bestrebt, den Gesetzen – was Zucht und Ordnung anbetraf – mehr Geltung zu verschaffen. So erließ er zum Beispiel Gesetze gegen Müßiggang und Herumtreiberei. Das Dirnenwesen wurde bekämpft. Zur Abschreckung ließ er einmal Dirnen ersäufen. Ferner achtete er auf eine sparsame Haushaltsführung im öffentlichen und privaten Bereich. Der Verschwendung sagte er den

Kampf an. Es wurde darüber gewacht, daß niemand mehr ausgab, als er verdiente. Außerdem dämmte er die Landflucht ein, stärkte das Bauerntum und verbot die Sklavenhaltung. Die von ihm in Besitz genommene Insel Korfu ging ihm nach einiger Zeit wieder verloren. Er veranlaßte u. a. den Ausbau einer Schiffsschleifstrecke am Isthmus von Korinth, um eine Verbindung zwischen dem Saronischen und dem Korinthischen Golf zu schaffen. Ferner gründete er eine neue Kolonie auf der Chalkidike, nämlich Poteidaia. Mit dem dortigen Waldbestand sicherte er sich gleichzeitig das nötige Bauholz für den Ausbau seiner Flotte. Korfu wurde noch während seiner Regierungszeit zurückerobert. Unter Periandros erlebte Korinth den Höhepunkt seiner Macht. Nach Periandros'Ableben übernahm dessen Neffe **Psammetichos** die Regierungsgewalt. Aufgrund des Vorwurfs, bestehende Gesetze aufgehoben zu haben, ist Psammetichos verflucht worden. Adelige übernahmen wieder die Herrschaft in Korinth.

Außer in Korinth gab es noch weitere Tyrannisherrschaften in Griechenland: Um das Jahr 590 v. Chr. existierte in Sikyon auf der Peloponnes die Tyrannis des **Kleisthenes**. Auf Naxos gab es die Tyrannis des **Lygdamis**. In Megara verhalf Theagenes seinem Schwiegersohn **Kylon** zur Errichtung einer Tyrannis in Athen. In Mytilene auf der Insel Lesbos stritten sich die Adeligen **Alkaios** und **Pittakos** um die Tyrannis. Einer der bekanntesten Tyrannen war jedoch **Peisistratos**, der in Athen erstmals im Jahre 560 v. Chr. an die Macht kam. Es mag unglaublich klingen, aber Peisistratos war bei der Bevölkerung außerordentlich beliebt; nicht nur, weil er die bestehende Ordnung akzeptierte und die Solonischen Gesetze nicht abschaffte, sondern weil er Athen im Laufe seiner Amtszeit zu einer bisher nicht erlebten wirtschaftlichen und kulturellen Blüte führte. Über Peisistratos und seine Nachfolger hören wir später noch mehr.

Auf der Insel Samos errichtete **Polykrates** mit Hilfe des **Lygdamis** von Naxos in der Zeit von 537 bis 522 v. Chr. ebenfalls eine Tyrannis. Tyrannis bedeutete immer eine feste Zusammenfassung der Staatsgewalt in einer Hand und somit Ausformung der Polis entgegen dem Wirken mehrerer fürstlicher Grundherren. Polykrates hatte seine großen Nachbarn Persien und Lydien nicht zu fürchten, da diese ohnehin Befürworter und Förderer der Tyrannis waren.

Eine seiner ersten „Amtshandlungen“ war die Entwaffnung der Bürgerschaft. Unter seiner Herrschaft brachte es Samos zu größter politischer, wirtschaftlicher und kultureller Blüte. Ein gewisser Wohlstand breitete sich bald unter der Bevölkerung aus. Polykrates ließ einen riesigen Tempel aus Marmor errichten und startete ein neues Flottenprogramm. Dank dieser Maßnahme erlangte er kurzfristig die Seeherrschaft im Ägäischen Meer. Ferner ließ er auf der Insel eine Wasserleitung quer durch einen Berg bauen, was für die damalige Zeit als eine technische Meisterleistung angesehen werden kann, zumal mit deren Bau von zwei gegenüberliegenden Seiten gleichzeitig begonnen wurde und die Tunnel für die Wasserleitung sich in der Bergmitte trafen, ohne sich nennenswert zu verfehlen. Damit war die Wasserversorgung der Bevölkerung auch in Zeiten einer Belagerung gesichert. Doch damit nicht genug. Außer einer Stadtummauerung ließ er eine große Hafenmole anlegen. Polykrates war der Kultur und Wissenschaft gegenüber sehr aufgeschlossen. So lud er Dichter (Anakreon und Ibykos), Ärzte und Naturwissenschaftler an seinen Hof. Weniger bekannt ist, daß er ein Defensivbündnis mit König Amasis von Ägypten schloß. Es ist durchaus denkbar, daß dieser Vorgang nach Bekanntwerden größten Argwohn bei den Persern hervorgerufen hat und zur Ermordung des Polykrates durch einen persischen Statthalter von der gegenüberliegenden kleinasiatischen Küste beitrug und die Einverleibung der Insel Samos ins persische Reich zur Folge hatte. Damit war die Tyrannis des Polykrates beendet.

Fazit: Die Tyrannis stellte lediglich eine Übergangsperiode zwischen Oligarchie und Demokratie dar. Aufgrund der größtenteils gemachten negativen Erfahrungen mit der Tyrannis war eine Alleinherrschaft nicht mehr zu rechtfertigen. Während der Tyrannis trat bei den Griechen der Wille zur Selbstbestimmung immer stärker zutage und mündete letztendlich in die Schaffung einer Demokratie.

9. Der politische Sonderweg Spartas

a) Allgemeines

Im Gegensatz zu den übrigen griechischen Staaten (Stadtstaaten) beschritt Sparta als zentral regierter Territorialstaat in seiner Entwicklung einen Sonderweg. Sparta wurde am Ende der großen Wanderung von den Dorern um 900 v. Chr. durch Zusammenlegung der Dörfer Limnai, Mesoa, Kynosura und Pitane auf engem Raum im Eurotastal am Fuße des Taygetosgebirges auf der Peloponnes gegründet. In Sparta existierten seinerzeit drei Bevölkerungsschichten mit unterschiedlichem Bürgerrecht: Spartiaten, Perioiken und Heloten.

Spartiaten:
Die Spartiaten waren die Nachkommen der dorischen Eroberer auf der Peloponnes und zählten zur elitären Oberschicht. Als Vollbürger genossen sie etliche Privilegien. So waren sie von jeglicher körperlicher Arbeit freigestellt und wurden schon von früher Jugend an für das Kriegshandwerk erzogen.
Perioiken (perioikoi):
Die Perioiken waren „Umwohner“ ohne politische Rechte. Sie setzten sich aus der überwiegend Handel und Gewerbe treibenden Bevölkerung der eroberten Städte und Dörfer zusammen. Sie waren verpflichtet, Wehrdienst zu leisten und Abgaben zu entrichten. Obwohl sie keine Vollbürger waren, erhielten sie den Status eines angeglichenen Bürgertums.

Heloten:

Heloten (Unfreie) waren Angehörige der vordorischen bzw. protogriechischen Bevölkerung auf der Peloponnes. Sie wurden von den Spartiaten zu Staatssklaven herabgedrückt und arbeiteten als solche in großer Zahl auf den spartanischen Gütern. Gerade wegen ihrer zahlenmäßigen Überlegenheit befürchtete man jederzeit einen Aufstand. Deshalb wurden die Heloten auch heimlich überwacht, und es erging alljährlich zum Zwecke der Einschüchterung eine Kriegserklärung an sie. Sie mußten ständig unter Kontrolle gehalten werden. Heloten durften nicht verkauft, vertrieben oder mißhandelt werden. Eine Tötung war nur in ganz besonderen Fällen erlaubt. Es war ganz offensichtlich, daß der Staat ein egoistisches Interesse an gesunden und kräftigen Arbeitern hatte. In Friedenszeiten brauchte man die Heloten in der Landwirtschaft, und in Kriegszeiten dienten sie den Spartiaten als Waffenträger. Die Hälfte der Erträge aus der Landwirtschaft mußten sie an die Gutsbesitzer abliefern. Eines gilt als sicher: Den Heloten auf den spartanischen Staatsgütern ging es wesentlich besser als den herkömmlichen Sklaven im restlichen Griechenland.

b) Die Expansion Spartas auf der Peloponnes

Allgemeines:

Zunächst sollte einmal geklärt werden, wie die Peloponnes zu ihrem Namen kam. Der Name führt zurück auf einen mythischen Stammvater, genannt **Pelops**. Er war der Sage nach der Sohn des Gottes *Tantalos*, Vater des Atreus und Großvater des berühmten Königs **Agamemnon** aus Mykene. Als Jüngling zog Pelops einst nach Elis – im nordwestlichen Teil der Peloponnes gelegen – und entführte von dort die Königstochter Hippodamaias. Er machte sich danach zum mächtigsten Herrscher der Insel, die nach ihm Peloponnesos (Insel des Pelops) genannt wurde.

Die Expansion:
Wie schon eingangs erwähnt, wurde Sparta durch Zusammenlegung von fünf Dörfern auf engem Raum im Eurotastal auf der Peloponnes gegründet. An einem weiteren Ausbreiten im fruchtbaren Eurotastal in Richtung Süden wurde Sparta durch die ehemalige mykenische Ortschaft Amyklai gehindert. Erst nach Bevölkerungsvermehrung und Zuwachs durch eingesickerte dorische Bruderstämme aus dem Norden war es möglich, Amyklai anzugreifen und um 760 v. Chr. nach hartnäckigem Widerstand zu erobern. Anschließend wurde Amyklai in den spartanischen Siedlungsverband aufgenommen. Es entstand der Staat der Lakedaimonier. Im Laufe der Zeit wurden weitere Städte und Dörfer im Süden der Peloponnes erobert und von Sparta einverleibt. Dabei blieb es aber nicht. Sparta versuchte, seine Herrschaft über die gesamte Insel auszudehnen.

Die Zeit von 740 bis 720 v. Chr. wurde überschattet durch kriegerische Auseinandersetzungen mit dem westlichen Nachbarn Messenien. Hierüber berichten uns der Dichter Alkman und der spätere Reiseberichterstatter Pausanias folgendes: Ein Zwischenfall, wonach eine spartanische Frau von Messeniern an einem Heiligtum überfallen worden sei, soll den **1. Messenischen Krieg** ausgelöst haben. Nach wechselvollen Kämpfen gelang es schließlich dem spartanischen König **Theopompos**, die messenische Bergfeste Ithome einschließlich der innermessenischen Ebene zu erobern. Die Bevölkerung wurde helotisiert. Der große griechische Dichter Tyrtaios verherrlichte in seinen Kampfliedern die Eroberung der fruchtbaren messenischen Ebene durch die Spartaner.

Im Rahmen der großen griechischen Kolonisation gründete Sparta in Italien eine seiner wenigen Kolonien, nämlich Tarent. Im Zusammenhang mit einer weiteren Eroberung gibt es folgende Geschichte:

Einer Erzählung nach stammen die Spartaner von dem Halbgott und Sagenhelden **Herakles** ab. Auf der Suche nach dem Grab eines seiner Nachkommen namens Orestes befragte eine Abordnung Spartaner das berühmte Orakel zu Delphi. Das Orakel sagte, daß sich das Grab in der Nähe der Stadt Tegea in der Landschaft Arkadien befinden solle. Darauf zogen die Spartaner nach Tegea, wo ihnen allerdings der Zugang zu dem besagten Grab verwehrt wurde. Es kam daraufhin zum Kampf, wobei die Spartiaten obsiegten. Entgegen sonstiger Gewohnheit wurde der Gegner nicht helotisiert, sondern als Bündnispartner gewonnen und gleichzeitig zur Heeresfolge verpflichtet. Diese Geschichte diente wahrscheinlich nur als Rechtfertigungsgrund zur Einnahme Tegeas. Allgemein kann festgestellt werden, daß Sparta seine Herrschaft im Süden Lakoniens durch Eroberungen und im Norden sowohl durch Eroberungskriege als auch durch Bündnisverträge sicherte. So wurden auch die Städte Mantineia und Orchomenos später in das gemeinsame Bündnis aufgenommen. Als Folge der spartanischen Expansionsbestrebungen kam es mit der Stadt Argos zum Streit um die Landschaft Thyreatis mit der fruchtbaren Küstenebene Kynouria. Bei der daraus resultierenden kriegerischen Auseinandersetzung ging Sparta als Sieger hervor.

In den Jahren 660–640 v. Chr. kam es zu einem Aufstand der Messenier. Dieser Aufstand erhielt Unterstützung von Arkadien und Argos. Es kam zum **2. Messenischen Krieg**. Trotz zahlenmäßiger Unterlegenheit gelang es den Spartanern dank der Einführung der verstärkten Hoplitenphalanx, den Aufstand niederzuwerfen.

Bis zu den Messenischen Kriegen unterschied sich Sparta kaum von den übrigen griechischen Staaten. Erst die Messenischen Kriege und die häufigen Helotenaufstände ließen Sparta zum Lagerstaat bzw. zum Militärstaat werden, vor dem die umliegenden Nachbarländer allerdings gewaltigen Respekt hatten. Die ständige Kriegsbereitschaft und die andauernden Kriege hatten zur Folge, daß die Heloten rücksichtslos unterdrückt wurden, die Kultur verkümmerte und Sparta sich immer mehr von seinen Nachbarn abgrenzte. Die Inlandswährung bestand aus Eisenbarren.

Auf Betreiben Spartas wurde im Jahre 550 v. Chr. der Peloponnesische Bund geschlossen. Dieser Bund (*symmachia*) besiegelte Spartas Vorherrschaft auf der Peloponnes. Alle Staaten auf der Peloponnes, mit Ausnahme von Achaia und Argos, waren unter Beibehaltung ihrer Autonomie gegenüber Sparta zur Heeresfolge verpflichtet. Diese unter der Bezeichnung „Peloponnesischer Bund" ausgehandelten Verträge bzw. Beistandspakte können durchaus als ungleiche Verträge angesehen werden, denn Sparta hatte als Hegemon stets den Oberbefehl über die Streitkräfte, und im Verteidigungsfall wurden alle Bündnispartner zur Heeresfolge herangezogen. Somit übte Sparta direkt und indirekt die Herrschaft über die Peloponnes aus. Als stärkste Militärmacht in Griechenland wurde Sparta in der Folgezeit ein Vorkämpfer gegen die Tyrannis. Ab Mitte des 5. Jahrhunderts gab es keine Eroberungen mehr durch Sparta. Der Status quo wurde beibehalten. Danach war auch kein nennenswerter Bevölkerungszuwachs mehr zu verzeichnen.

c) Verfassung und Verfassungsorgane

Allgemeines:
Um 800 v. Chr. erhielt Sparta seine erste Verfassung, die sogenannte Große Rhetra. Als Urheber gilt der sagenhafte Gesetzgeber **Lykurg**. Ihm wird die Schaffung der spartanischen sozialen und staatlichen Ordnung (*kosmos*) zugeschrieben. Es wird gesagt, daß die Große Rhetra aufgrund eines Gottesspruches, den sich Lykurg beim Orakel zu Delphi eingeholt hatte, zustande gekommen sei. In ihrem Aufbau enthielt die Große Rhetra lakonisch-dorische, kretische und delphische Elemente. Sie zählt übrigens zu den ältesten Gesetzesniederschriften in Griechenland! Ei-

nige Althistoriker sind allerdings der Meinung, daß die Einführung der Verfassung erst um das Jahr 760 v. Chr. erfolgt sei, bei der Belagerung der Ortschaft Amyklai zur Bekräftigung bereits vorhandener, verfassungsmäßiger Organe bzw. Einrichtungen.

Wie sah die spartanische Verfassung aus, und was waren die verfassungsmäßigen Organe? Verfassungsorgane waren:

- das Doppelkönigtum,
- der Rat der Alten,
- die Volksversammlung,
- die Heeresversammlung und
- die Ephoren, welche später hinzukamen.

Das Doppelkönigtum:
Die Könige entstammten jeweils den Adelsfamilien der Agiaden und der Eurypontiden. Sie blieben als lebenslange Einrichtung bestehen. Nur bei einem Amtsvergehen konnten sie abgelöst werden. Die Könige waren automatisch Mitglieder im Ältestenrat. Die Kriegsführung lag in der Hand der Könige, und bei Kriegszügen verfügten sie über unumschränkte Gewalt. Ferner wirkten sie mit bei der Frage der Erbtöchter. In Sparta erbten nicht die Söhne, sondern die älteste Tochter einer Spartiatin. Allmonatlich hatten die Könige vor den Ephoren (Aufseher, Hüter der Verfassung) und umgekehrt die Ephoren vor den Königen einen Eid abzulegen. Dabei schworen die Könige, die geltenden Gesetze einzuhalten, und die Ephoren schworen, die Macht der Könige zu erhalten und zu stützen. Das Königtum war ein reines Heerkönigtum und nur im Felde souverän.

Der Rat der Alten (gerusia):
Der Rat der Alten, auch als Ältestenrat bezeichnet, setzte sich aus 28 nach Tüchtigkeit ausgewählten Männern (über 60 Jahre) zusammen. Der Rat der Alten hatte die Aufgabe, die Könige zu beraten und Vorberatungen über Volksbeschlüsse zu führen. Einschließlich der Könige war die Gerusia ein 30köpfiges Gremium. Der Ältestenrat besaß bei Beschlüssen der Heeresversammlung ein Vetorecht. Die Gerusia war das wichtigste Verfassungsorgan überhaupt. Die Ältesten (*Geronten*) unterlagen keinerlei Kompetenzbeschränkungen.

Die Volksversammlung (apella):
Die Volksversammlung trat in bestimmten Zeitabständen als Souverän, jedoch ohne Initiative der Beschlußfassung (nur Zustimmung oder Ablehnung) zusammen. Beschlüsse wurden in der Gerusia gefaßt. Die Volksversammlung konnte zum Beispiel Beschlüssen über Krieg und Frieden nur ihre Zustimmung oder Ablehnung erteilen. Das Rederecht war auf diesen Versammlungen nur den Königen und den Geronten vorbehalten. Die Volksversammlung, an der nur spartanische Vollbürger ab dem 30. Lebensjahr teilnehmen durften, hatte innerhalb der Verfassung eine schwache Stellung.

Die Heeresversammlung:
Die Heeresversammlung setzte sich aus wehrfähigen Männern der drei spartanischen Hauptstämme (*phylen*) zusammen. Es handelte sich hierbei um die Hylleis, Dymanes und Pamphyloi. Diese Versammlung war nicht

ausschließlich für Heeresangelegenheiten zuständig, sondern ihr oblag auch die Wahl der fünf Ephoren (eine Art oberster Wächterrat) sowie die Wahl der tüchtigsten Männer in den Rat der Alten.

Die Ephoren oder auch Ephorat:
Das Ephorat, ein wichtiges Verfassungsorgan, setzte sich ursprünglich aus den Dorfvorstehern der fünf Gründungsdörfer Spartas zusammen, nämlich Limnai, Mesoa, Kynosura, Pitane und Amyklai. Sie konnten jeweils nur für ein Jahr vom Volk gewählt werden. Die Ephoren traten als Wahrer des Brauchtums und als Vertreter des Widerstandsrechtes des Volkes gegen die Könige auf. Im Zuge einer Verfassungsreform wurde die Funktion der Ephoren stark aufgewertet. **Chilon**, einer der „sieben Weisen" und Staatsmann aus Sparta, soll hieran wesentlichen Anteil gehabt haben.

Demnach erhielten die Ephoren umfassende Kompetenzen. So fungierten sie zum Beispiel in der zweiten Hälfte des 6. Jahrhunderts v. Chr. als Leiter der Innen- und Außenpolitik. Abgesehen von dem allmonatlichen Eid der Königsanerkennung hatten sie folgende Aufgaben:

- Einberufung der Volksversammlung (geschah nicht durch die Könige!),
- Festlegung des Abstimmungsverfahrens,
- Kriegserklärungen,
- Mobilmachung des Heeres,
- Aufsicht über das Finanzwesen,
- Empfang von Gesandten,
- Begleitung der Könige durch zwei Ephoren als Überwacher bei Kriegszügen,

- Rechtsprechung (war durch einzelne Ephoren möglich),
- Aufsicht über Sitten, Erziehung und Feste,
- Bestrafung der Perioiken,
- Ausübung von Zwang gegenüber den Königen bei Kinderlosigkeit, sich eine zweite Frau zu nehmen.

Die Kräfteverteilung innerhalb der verfassungsmäßigen Organe war geschickt austariert und garantierte eine große Stabilität. Das lag zum Teil auch daran, daß der Adel durch Einbindung in das neue System seine Vorrechte zugunsten eines gemeinsamen Staates eingebüßt hatte. Das Gesetz des Lykurg war derart klug ausgetüftelt, daß sich die einzelnen Staatsorgane gegenseitig kontrollierten und kein einziger Adeliger Gelegenheit hatte, sich zum Alleinherrscher zu machen. Auf diese Weise hatte die Tyrannis in Sparta keine Chance. Nach Einführung der Verfassung tat Lykurg einen zweiten, allerdings sehr gewagten Schritt: Er nahm eine Neuverteilung des Grundbesitzes vor. Bis zu diesem Zeitpunkt befand sich Grundbesitz und Reichtum in den Händen weniger Adeliger. Das soziale Leben war bis dahin von großer Ungleichheit gekennzeichnet. Auf der einen Seite breiteten sich Armut, Neid und Verbrechen aus, und auf der anderen Seite waren Verschwendung und Übermut anzutreffen. Um diesem Übel abzuhelfen, überredete Lykurg die Bürger, ihr Land zum Zwecke der Neuaufteilung in gleiche Landlose zur Verfügung zu stellen. Das Land wurde in unverkäufliche Erbhöfe aufgeteilt. Alle Bürger, außer den Perioiken und Heloten, waren von nun an Gleiche unter Gleichen (*homo-*

ioi) und lebten unter gleichen Voraussetzungen. Armut, Neid und Schwelgerei war damit der Nährboden entzogen. Auf diese Weise wurde eine zusätzliche innere Stabilität erreicht. Nach der Neuverteilung des Grundbesitzes in gleiche Landlose zählte man 6000 echte Spartiaten. Diese Zahl stieg später auf über 9000. Sparta wurde quasi von einer Minorität regiert.

d) Das Leben in Sparta

Heirat in Sparta:
Wie sah nun eine Heirat in Sparta aus? Auf diesem Gebiet ist ein gravierender Unterschied gegenüber Athen festzustellen. Eine Heirat in Sparta erfolgte durch Raub eines erwachsenen Mädchens. Ihr wurden die Haare geschoren, sie bekam ein Männergewand übergestreift und mußte auf einem Lager aus Spreu schlafen. Der Brautvater hatte in Heiratsangelegenheiten kein Mitspracherecht. In Sparta gab es kein echtes Zusammenleben der Ehepartner. Es war mehr oder weniger eine Besuchsehe. Ehe- und Familienleben waren so gut wie unbekannt. Da keine rechtmäßige Ehe existierte, konnte es auch keinen Ehebruch geben. Die spartanischen Männer durften kein häusliches Leben führen, da es zur Verweichlichung führte. Das Familienleben – sofern man davon sprechen kann – hatte hinter dem Staatsleben zurückzutreten. Bedingt durch die Tatsache, daß man erst nach dem 30. Lebensjahr heiratete, kam es vor der Heirat, ähnlich wie im restlichen Griechenland, häufig zu päderastischen

Beziehungen. Es erfolgte auch keine rechtliche Hofübergabe. Die Phylenältesten (Stammesältesten) verfügten über das Hoferbe. Den jungen Partnern wurde von den Phylen Land bereitgestellt. Die Weitergabe von Besitz erfolgte ausschließlich über die weibliche Linie. Heirat unter direkten Geschwistern war verboten; Heirat unter Vettern und Cousinen dagegen erlaubt. In Sparta durften Halbgeschwister von zwei verschiedenen Vätern und ein und derselben Mutter heiraten. In Athen war genau das Gegenteil der Fall. Dort konnten Halbgeschwister, die von zwei verschiedenen Müttern und einem Vater stammten, heiraten.

Kinder und Kindererziehung:
Beginnen wir bei der Geburt. Eine Geburt in Sparta fand stets unter Zeugen statt. Dies galt nicht nur für das Königshaus, sondern auch für Normalbürger. Neugeborene wurden, sofern es sich nicht um königlichen Nachwuchs handelte, lediglich den Gemeindeältesten zur Begutachtung (*lesche*) vorgeführt. Dabei ging es hauptsächlich um den Gesundheitszustand des Neugeborenen. Gesunder und kräftiger Nachwuchs war erwünscht. Schwächliche Kinder wurden ausgesondert und getötet (*apothetai*). Männliche Säuglinge wurden zur Kräftigung in Wein gebadet. Wein besaß Symbolkraft für Männlichkeit. Die Gemeindeältesten entschieden auch über den Werdegang und die Erziehung des Kindes. Diese Einstellung war noch ein Überbleibsel aus der Wanderungszeit, geprägt vom Zwang zum Überleben. Die Erziehung erfolgte entweder durch die Mutter selbst oder durch eine Amme.

Großer Wert wurde auch auf die physische und psychische Entwicklung des Kindes gelegt, das heißt: viel Bewegung durch sportliche Betätigung in Verbindung mit Mutproben zur Verdrängung von Angst. Mit sieben Jahren setzte bei den Knaben eine staatliche Ausbildung (*agoge*) mit jugendlichen Erziehern (*eirenen*) ein.

Sparta war eine kommunitäre Gesellschaft. Gemeinschaftsleben wurde großgeschrieben. Kinder waren Gemeineigentum des Staates. Kinderzeugung war nicht nur erwünscht, sondern Pflicht! Auf Nachkommenschaft wurde in Sparta allergrößter Wert gelegt. Männer ohne Kinder wurden verspottet. In Sparta gab es daher eine Form der Polyandrie, das heißt, wenn ein Ehemann zeugungsunfähig war, durfte bzw. mußte ein anderer Mann einspringen und für Nachwuchs sorgen. Männer galten als gemeinsame Väter aller Kinder. Alte Menschen genossen in Sparta eine hohe Autorität (Senioritätsprinzip). Sie konnten jederzeit in die Erziehung (*paidonomos*) eingreifen und sogar die Oberaufsicht über die Erziehung ausüben.

Einblick in die spartanische Mentalität:
Rügebräuche, wie sie in anderen Teilen Griechenlands praktiziert wurden, hatte man in Sparta nicht eingeführt. Es gab jedoch eine Reihe von Gesetzen, die strikt einzuhalten waren. So war es zum Beispiel – mit Ausnahme der Greise – niemandem erlaubt, bestehende Gesetze zu kritisieren. Spott war die einzig zugelassene Form der Kritik. Daher wurde in der spartanischen Erziehung der Ertragung von Spott große Bedeutung beigemessen. Spott zu

treiben, war allerdings nur Höher- oder Gleichgestellten erlaubt. Spott von unten nach oben gab es nur in Form von Fabeln.

Obwohl die Spartaner des Schreibens und des Lesens kundig waren, herrschte in ihrem Lande eine geringe Schriftlichkeit. Die Spartaner legten mehr Wert auf Taten und weniger Wert auf Schriftlichkeit oder viele Worte. Es bestand überhaupt ein geringes Kommunikationsbedürfnis. Kurz und knapp war die Verständigung in Lakonien (Sparta). Daher stammt auch der Ausdruck „lakonische Kürze". Man sprach stets Klartext. Vor einer Schlacht wurden auch keine großen Feldherrnreden geschwungen. Jeder Krieger kannte seinen Platz in der Hoplitenphalanx und wußte, was er zu tun hatte. Befehle wurden klar und deutlich durchgegeben und gelangten unverzüglich zur Ausführung. Ein Befehlschaos wie in anderen Heeren war bei den Spartanern undenkbar. Große Achtung zollte man den spartanischen Müttern. Wenn ihre Söhne in den Kampf zogen, reichten sie ihnen den Schild mit den Worten: „Komm zurück, mit oder darauf!" Es war nämlich Sitte in Griechenland, nach einer Schlacht die Gefallenen auf ihren Schilden vom Schlachtfeld zu tragen. Wenn eine spartanische Mutter die Nachricht erhielt, daß ihr Sohn gefallen war, lautete ihre erste Frage: „Und hat er gesiegt?" Wenn ihr das bestätigt wurde, fuhr sie fort: „Dann bin ich glücklich. Daß ich ihn als **sterblichen** Menschen zur Welt gebracht habe, wußte ich ja." Bei den Spartanern zählte das Leben eines einzelnen nichts, wenn es um das Wohl und Wehe des Staates ging. Sparta führte keine Kriege der Ehre wegen, sondern wegen des Nutzens oder aber aus blanker Notwendigkeit. Es war kein Geheimnis, daß sich der Staat nach außen hin abkapselte. Der Verkehr mit Fremden war weitgehend eingeschränkt, um eine Einführung fremder Sitten zu verhindern. Mit zäher Beharrlichkeit hielten sie an ihren alten Sitten und Gebräuchen fest. Mit anderen Völkern hatten die Spartaner fast nur auf dem Schlachtfeld Kontakt. Trotzdem oder gerade deshalb waren sie stolz auf ihren Staat. Auf die Frage, weshalb Sparta nicht mit Mauern umgeben sei, lautete die Antwort: „Die Bürger sind unsere Mauern."

Trotz vieler Gegensätze zwischen Sparta und dem restlichen Griechenland hat sich Sparta immer zu Griechenland bekannt und äußere Feinde gemeinsam mit Athen und anderen griechischen Städten, wenn es sein mußte, mit Waffengewalt, abgewehrt bzw. besiegt.

e) Heerwesen

Ab dem 14. Lebensjahr durchliefen die Jugendlichen eine internatsähnliche vormilitärische Ausbildung. Mit 20 Jahren wurden sie dann in die Gemeinschaft der Krieger aufgenommen. Es begann für sie von nun an ein rein „männerbündisches Leben" mit Wehrdienst und vielen Kriegsübungen. Abhärtung und Disziplin waren angesagt. So schliefen die jungen Krieger zum Beispiel auf Schilfmatten im Freien. Ab dem 30. Lebensjahr galt man als vollwertiger Mann und war im heiratsfähigen Alter. Nun durfte man auch an den Volksversammlungen teilnehmen. Die über 30jährigen lebten in Speisegemeinschaften, den sogenannten *Syssitien*. Die Mahlzeiten waren wegen ihrer Kargheit bekannt. Berüchtigt war die „schwarze Suppe“, die aus Speck, Blut, Essig und Salz gekocht wurde. Geschlafen wurde in Gemeinschaftsunterkünften (meist in Zelten). Bis zum 60. Lebensjahr war die männliche Bevölkerung zum Wehrdienst verpflichtet. Es entstand quasi ein Kriegerbauerntum. Das ganze Leben der Spartiaten war auf die Bereitschaft zum Kriege ausgerichtet. Das Land glich häufig einem Heerlager. Man lebte fast ständig unter Waffen. Im Heer herrschte ein hierarchisches, auf strengste Disziplin ausgerichtetes Prinzip. Die einzige Zerstreuung, die sich den Kriegern bot, war die Jagd. Diese strenge militärische Ausbildung brachte dafür die besten Infanteriesoldaten hervor, die Griechenland kannte.

Auf dem militärischen Sektor wurde eine Neuerung eingeführt. Sie betraf die Hoplitenphalanx: Die Fußtruppen wurden nicht, wie im übrigen Griechenland, in einer aus acht Reihen, sondern aus 16 Reihen bestehenden tiefgestaffelten Formation (*phalanx*) zusammengefaßt. Dadurch entstand ein undurchdringlicher, kompakter Block, dem kein Feind widerstehen konnte.

f) Kultur (Dichtung, Musik und Kunst)

Im 7. Jahrhundert v. Chr. war Sparta nicht ausschließlich ein Militärstaat, sondern auch ein bedeutendes kulturelles Zentrum. Ein Beweis dafür ist die Tatsache, daß sich während dieser Zeit namhafte Künstler in Sparta aufgehalten haben. Am bekanntesten sind Terpandros, Tyrtaios, Thaletas, Alkman, Dionysodotos, um nur einige zu nennen. Bezeichnend ist, daß viele Künstler nicht einmal aus Sparta stammten. Sie waren aus verschiedenen Teilen Griechenlands zugewandert und fühlten sich trotz der Lagerstaatsatmosphäre dort heimisch. So stammte zum Beispiel Tyrtaios aus Athen, Terpandros aus Lesbos, Thaletas aus Kreta und Alkman aus Sardes. Zu bestimmten Anlässen, meist in Verbindung mit Festen, wie den Karneia-Hyakinthien, den Gymnopaidiai oder den Olympischen Spielen, wurden u. a. auch musische Wettbewerbe veranstaltet. Tyrtaios verstand es, mit seinen von der Flöte (*aulos*) begleiteten Kampfesliedern die Spartaner zu höchstem Kampfes- und Siegeswillen anzuspornen. Terpandros trug dagegen seine Gedichte mit Gitarrenbegleitung (*kithara*) vor, was eher beruhigend und besänftigend auf die Zuhörer wirkte. Bei einem musischen Wettbewerb anläßlich des Festes der Karneia um 675 v. Chr. ging er sogar als Sieger hervor. Dichter der damaligen Zeit fungierten häufig zugleich als Komponisten, Chorleiter und Regisseure. Es kam auch eine besondere Dichtungsgattung auf, die sogenannte Chorlyrik. Sie bestand aus Gesang, Musik und Gruppentanz. Begleitinstrumente waren die Leier (*lyra*) und die Flöte. Feste waren immer ein Anlaß, das Gemeinschaftsgefühl zu stärken und speziell in Sparta die nationale Einheit zu festigen. Etwa in der Mitte des 7. Jahrhunderts v. Chr. brach die Lyrik mit den anfangs genannten Dichtern abrupt ab, und Sparta machte – bedingt durch den 2. Messenischen Krieg (660–640 v. Chr.) – eine Kehrtwende hin zu einer militarisierten Gesellschaft.

Die Jahre zwischen 620 und 570 v. Chr. (Nachkriegszeit) galten als Hochblüte der spartanischen Kunst. Sie fand ihren stärksten Ausdruck in der Bildhauerei, der Keramik und dem Bronzeguß. Elfenbeinschnitzerei sowie Gold- und Silberschmiedearbeiten sollten in diesem Zusammenhang nicht unerwähnt bleiben. Es läßt sich durchaus nicht verheimlichen, daß es gerade auf diesem Gebiet gewisse Impulse aus Ägypten gegeben hat. Spartanische Bildhauer waren u. a. auch prominent in Olympia vertreten. Dort wurde zum Beispiel in der ersten Hälfte des 6. Jahrhunderts v. Chr. eine 5,50 Meter hohe Zeusstatue errichtet, die ganz eindeutig aus lakonischer Fabrikation stammte. Ferner fand man in Olympia einen aus den Jahren zwischen 590 und 580 v. Chr. stammenden aus gelblich-weißem Kalkstein gearbeiteten riesigen Kopf der Göttin *Hera*. In Arkadien entdeckte man eine Kolossalstatue mit dem Namen „*Lakonia*". Das war aber längst nicht alles. Es kamen hinzu etliche Wasserkrüge mit Henkel (*Hydras*). Viele Goldschmiedearbeiten und Elfenbeinschnitzereien spartanischer Künstler füllten verschiedene Schatzhäuser u. a. auch in Megara. Weihegaben in Form von Elfenbeinschnitzereien sowie Gold- und Silberschmiedearbeiten wurden dem Heiligtum zu Delphi gestiftet. Erwähnenswert sind auch die Keramikarbeiten. So gab es zum Beispiel Trinkbecher einer besonderen Art. Sie waren aus dunklem Keramikmaterial hergestellt und hatten einen nach innen gebogenen Rand. Dies hatte erstens den Vorteil, daß der Benutzer die Farbe des Wassers nicht ausmachen konnte – ob klar oder trübe –, und zweitens wurden Schmutzpartikel am Innenrand des Bechers aufgefangen und gelangten so nicht in den Mund. Zur Berühmtheit gelangten auch die schwarz gefirnißten Schalen und Kratere mit reicher Figuren- und Tierornamentik aus Lakonien. Auf ihnen findet man sehr häufig Szenen aus der Mythologie. Außer den bereits erwähnten Keramik-, Gold- und Silberschmiedearbeiten waren Bronzegegenstände als Exportartikel sehr gefragt. Ein Beweis dafür ist ein riesiger Mischkrug aus Bronze, der für den König Kroisos in Sardes (Lydien) bestimmt war. Man nannte diese Art Krüge „Kratere“ (*krateros*). Sie dienten meist als Prunk- und Weihegeschenke. Ein weiteres Zeugnis großen künstlerischen Schaffens ist der berühmte Krateros von Vix aus dem 6. Jahrhundert v. Chr. Er wurde erst im Jahre 1953 im Grab einer keltischen Prinzessin bei Vix an der Seine in Mittelfrankreich entdeckt. Seine Maße haben die Wissenschaftler in Erstaunen versetzt. Das 1,64 Meter hohe Gefäß wiegt exakt 208,6 Kilogramm und hat ein Fassungsvermögen von 1100 Litern. Der Deckel hat einen Durchmesser von 1,02 Meter. Ganz außergewöhnlich sind die vielen Verzierungen, die bis in die kleinsten Einzelheiten herausgearbeitet sind. Dieses Gefäß ist in der Tat ein Meisterwerk spartanischer (lakonischer) Kunst. Gegen Ende des 6. Jahrhunderts bzw. Anfang des 5. Jahrhunderts v. Chr. hatte die spartanische Kunst ihren Zenit überschritten. Dafür gelang es Sparta, seine politische und militärische Vormachtstellung auszubauen. Sparta wurde zwischen 550 und 480 v. Chr. die stärkste Kontinentalmacht in Griechenland. Erst ab dem Jahre 450 v. Chr. konnte man in Sparta eine Rückkehr vom Lagerstaat zur Normalität im Alltagsleben feststellen.

10. Athen auf dem Wege zur Demokratie

a) Allgemeines

Athen, eine der ältesten Städte Griechenlands, gab es schon in mykenischer Zeit. Die Stadt schmiegte sich um die berühmte Akropolis mit ihrer sich auf dem geglätteten Felsen erhebenden Burg. Athen befindet sich im Distrikt Attika. Deren Bewohner nannten sich nicht etwa Attiker, sondern Athener, zu Ehren ihrer Schutzgöttin ***Athena.*** Athen besaß zwar nicht so fruchtbare Landstriche wie zum Beispiel Sparta, dafür hatte es aber im Süden und Osten ausgedehnte Küstenstreifen, die sich äußerst günstig zur Anlage von Häfen und zur Errichtung von Werften (Schiffsbaustätten) eigneten. Außerdem war das Gebiet von Laurion, im Südosten von Attika gelegen, mit großen Silbervorkommen gesegnet.

In Athen wurde das Königtum schon früh abgeschafft (vermutlich um 683 v. Chr.), während es in Sparta bis zum Ende beibehalten wurde. Nach der Abschaffung des Königtums übernahm der Adel (Stadtadel) die Macht in Athen. Es wurden verschiedene Ämter geschaffen, die der Adel unter sich aufteilte. Die größte Machtfülle erhielt der *Archon Eponymos* (höchster Staatsbeamter), der mit seinen acht Amtskollegen die früheren Aufgaben des Königs als Hoher Priester, Kriegsbefehlshaber und Richter verwaltete. Diesem Gremium stand als höchste richterliche Instanz der *Areopag* zur Seite. Das Volk blieb an der Machtverteilung unbeteiligt.

b) Der Putschversuch des Kylon und die Gesetzgebung Drakons

Schon früh nahmen in Athen die sozialen Spannungen und politischen Zwistigkeiten ihren Anfang. Diese Situation versuchte der athenische Politiker **Kylon** um 630 v. Chr. mit Hilfe des Tyrannen von Megara auszunutzen, um einen Putsch zu starten. Als Sieger bei den Olympischen Spielen im Jahre 640 v. Chr. war er in Athen kein Unbekannter. Auch verfügte er über eine gewisse Anhängerschaft. Der Putsch mißlang, und die Putschisten suchten Zuflucht am Altar des Tempels der Göttin Athena auf der Akropolis. Damit hatten sie Asylantenstatus, und es durfte nicht Hand an sie gelegt werden. Als sich die Putschisten nach einer längeren Belagerung durch die Athener ins Freie wagten, wurden sie auf Betreiben des Archonten Megakles getötet. Damit hatte Megakles ein Sakrileg begangen. Als Folge wurden er und das ganze Geschlecht der Alkmaioniden, dem er entstammte, wegen Bruchs des heiligen Asylgesetzes verflucht. Später versuchte man, die Alkmaioniden zu entlasten mit dem Argument, daß das Seil, welches die Putschisten mit dem heiligen Altar verband, gerissen sei und somit keine Verbindung mehr zum Altar bestand. Jedenfalls war der Versuch, eine Tyrannis zu errichten, vorerst gescheitert.

Das Macht- und Gewinnstreben der Adeligen in Attika lief darauf hinaus, die Kleinbauern in wirtschaftliche Abhängigkeit zu bringen, bis hin zur Schuldknechtschaft. Durch die hohe Verschuldung verloren die Kleinbauern Grund und Boden und damit auch das Bürgerrecht. Die

Verschuldungsgesetze – bis dahin ungeschrieben – waren so barbarisch, daß ein Gläubiger das Recht hatte, den früheren Eigentümer eines Grundstücks samt Frau und Kindern als Sklaven ins Ausland zu verkaufen. Um dieser schlimmen Entwicklung Einhalt zu gebieten, gaben die Athener um 624 v. Chr. dem Aristokraten **Drakon** den Auftrag, dem Staat geschriebene Gesetze zu geben. Die Rechtsgleichheit aller attischen Einwohner wurde durch eine – leider nicht umfassende – Aufzeichnung des geltenden Rechts mit genau festgelegter Strafbemessung hergestellt. Seine Gesetze waren so streng, daß man sie als „mit Blut geschrieben“ bezeichnete. Fast alle Verfehlungen und Straftaten wurden von Drakon mit dem Tode bestraft. „Drakonische Strafen“ wurde bald zu einem geflügelten Wort. Eine zentrale Stellung nahm das Gesetz über die Tötung ein, welches zum Ziel hatte, die Blutrache einzudämmen bzw. abzuschaffen. Drakon stellte den Staat als Rechtsinstanz zwischen den Mörder und den, der Blutrache üben wollte. Er schränkte die Blutrache zugunsten der Rechtsfindung durch staatliche Gerichte ein, für deren Urteile besonders harte Normen (drakonische Gesetze) festgelegt wurden. Bei einem Tötungsdelikt wurde genauestens unterschieden zwischen beabsichtigter (vorsätzlicher) und unbeabsichtigter Tötung. So wurde eine unbeabsichtigte Tötung (z. B. bei Wettkämpfen) nicht generell mit der Todesstrafe geahndet. Der Täter hatte die Möglichkeit, sich durch Flucht ins Ausland einer Bestrafung zu entziehen.

Drakons Gesetze befaßten sich ausschließlich mit dem Strafrecht, während andere Rechtsgebiete nicht angetastet wurden.

c) Reformen und Gesetzgebung Solons

Parallel mit der Tyrannis ging das System der „guten Gesetzgeber“ (aisymneten) einher. Ein solcher Gesetzgeber war **Solon**. Er stellte sich gegen die Tyrannis und führte eine soziale Neuordnung ein. Damit schaffte er die Voraussetzung für die Entwicklung zur Demokratie.

Der um das Jahr 640 v. Chr. in Athen geborene Solon zählte zu den „Sieben Weisen“ Griechenlands. Über seine Abstammung ist man sich nicht ganz einig. Einmal heißt es, er stamme aus einem athenischen Königsgeschlecht, und ein anderes Mal, er solle einer wohlhabenden Kaufmannsfamilie entstammen. Als junger Mann zog er in die Fremde, um sein geistiges Blickfeld zu erweitern. Dabei entwickelte er sich zu einer Persönlichkeit, die über allen Parteien stand. In einer Zeit großer Unruhe und drohenden Bürgerkrieges erwartete man von ihm die Rettung. Bedingt durch die wirtschaftliche Notlage der Kleinbauern (Schuldknechtschaft) einerseits und des immer reicher werdenden Adels andererseits, waren starke soziale Spannungen entstanden. In der Zeit größter Not wählten die Athener im Jahre 594 v. Chr. Solon zum Archonten und verliehen ihm unumschränkte, quasi diktatorische Macht. Beim Volk machte er sich gleich zu Beginn seiner Amtszeit beliebt mit der Hinzugewinnung der unmittelbar dem attischen Festland vorgelagerten Insel Salamis zum Athener Staatsgebiet.

Solon machte es sich zur Aufgabe, als Versöhner und Schlichter in den Kämpfen zwischen Adel und den in Schuldknechtschaft geratenen Bauern zu fungieren. Es ging ihm u. a. um Gerechtigkeit für die Bauernschaft.

Neben ihren Pflichten sollten ihnen auch entsprechende Rechte zugestanden werden. Adelige und Bauern sollten **gemeinsam** die tragenden Säulen des Staates bilden. Solon steuerte einen Mittelkurs zwischen den übertriebenen Forderungen der Kleinbauern auf der einen und dem hartgesottenen Flügel der Adeligen auf der anderen Seite. So war er in gewissem Sinne auch ein Reformer.

Als erste Maßnahme im neuen Amt soll er, mit Ausnahme des Gesetzes über die Tötung, alle Gesetze Drakons wegen ihrer unmenschlichen Härte aufgehoben haben. Er pflegte übrigens sein Regierungsprogramm in eine Reihe von Gedichten zu fassen. Darin brandmarkte er die Ungerechtigkeit der Profitjagd der Reichen und warnte sie vor den Strafen der Götter. Die Athener sahen mit Vertrauen auf diesen außergewöhnlich gerechten und bescheidenen Mann, der ausschließlich der Allgemeinheit dienen wollte. Solon enttäuschte das Vertrauen des Volkes nicht. Seine Reformen berührten fast alle Gebiete des politischen, sozialen und wirtschaftlichen Lebens sowie der Rechtsprechung. Von den solonischen Reformen sind besonders hervorzuheben:

Bauernbefreiung:
Darunter ist zu verstehen: die Aufhebung der bestehenden Schuldverpflichtungen, Beseitigung der Schuldsteine auf den Grundstücken, Verbot der Schuldknechtschaft und der Grundbesitzanhäufung, Zurückrufung aller ins Ausland und damit in die Rechtlosigkeit geflüchteten Schuldner (*seisachtheia* = Lastenabschüttelung), keine Neuverteilung des Bodens, jedoch Festsetzung eines be-

stimmten Größenumfangs für Landbesitz und Rückkauf athenischer Sklaven. Bei der Eintreibung von Zinsen durfte nicht mehr auf Personen als Pfandobjekt (Personenhaftung) und die damit verbundene Herabstufung zum Sklaven zurückgegriffen werden. Versklavung von Athenern war fortan nicht mehr erlaubt. Daher existierte in Athen auch kein Sklavenmarkt. Bei der Eintreibung von Schulden bedurfte es von jetzt an einer behördlichen Zustimmung. Alle Bürger wurden von der Zahlung direkter Steuern befreit. Nur wenn das Vaterland in Gefahr war, konnten den Bürgern außergewöhnliche Steuern auferlegt werden, die sich nach den Besitz- bzw. Vermögensklassen richteten.

Einschränkung der Adelsmacht:
Mit der Aufhebung von Privilegien erfolgte eine Einteilung der Bürgerschaft in vier Vermögensklassen auf der Basis des Jahresertrages an Getreide. Dementsprechend wurden jeder Vermögensklasse bestimmte politische Rechte gewährt und Pflichten auferlegt. Die vier Klassen setzten sich wie folgt zusammen:

- *Pentakosiomedimnoi* („Fünfhundertscheffler“) mit Erträgen über 500 Scheffel Getreide,
- *Hippeis* (Ritter) mit Erträgen zwischen 300 und 500 Scheffel Getreide,
- *Zeugiten* (Bauern) mit Erträgen von mindestens 200 Scheffel Getreide,
- *Theten* (besitzlose Klasse, Tagelöhner) mit Erträgen unter 200 Scheffel Getreide.

Hippeis und *Pentakosiomedimnoi* waren im Kriegsfall in ihrer Eigenschaft als Reiter zur Gestellung von Pferden verpflichtet, während die *Zeugiten* in ihrer Eigenschaft als Gespannbauern Gespanne zu stellen hatten und außerdem als Hopliten in der Phalanx ihren Platz hatten. Die *Theten* wurden in der Regel auf den Trieren als Ruderer eingesetzt. Dieses von Solon eingeführte System kann man auch als Timokratie (Herrschaft der Besitzenden) bezeichnen.

Handel und Gewerbe:
Handel und Gewerbe wurden gefördert und der Olivenanbau begünstigt. Zur Verhinderung einer Lebensmittelverknappung war der Export von Nahrungsmitteln (mit Ausnahme von Wein und Oliven) untersagt.

Münzen, Maße und Gewichte:
Es wurde ein einheitliches Maß- und Gewichtssystem eingeführt. Erste Ansätze zur Einführung von Münzen anstelle der üblichen Metallstäbe.

Aufzeichnung des geltenden Rechts:
Jeder Staatsbürger konnte öffentlich Anklage erheben. Die einzelnen Rechtsstatuten wurden auf dreiseitigen, drehbaren hölzernen Säulen angebracht. Zu deren Beachtung wurde die Bürgerschaft vereidigt. Grundgedanke war die Emanzipation des einzelnen. Die Verhängung der Todesstrafe beschränkte sich ausschließlich auf die schwersten Verbrechen.

Solons Reformen waren nicht unerheblich geprägt von einer Kodifizierung des Rechts (umfangreiches Deliktrecht). Bei Einreichung einer Klage bestand Gerichtszwang. Hierzu wurde ein genaues Verfahrensrecht festgelegt. Klagen waren an die Archonten zu richten. Man unterschied zwei Arten von Verfahren:

1. Rechtsverfahren bei Privatklagen (*dike*) und
2. Rechtsverfahren, bei denen die Öffentlichkeit betroffen ist (*graphe*).

Einklagbar waren zum Beispiel Erbangelegenheiten, Raub, Mord und Beleidigung. Ebenso waren Klagen gegen Entscheidungen von Amtsträgern (*ephesis*) zulässig. Solon führte einen besonderen Gerichtshof, das Volksgericht (*heliaia*), ein. In der festgelegten Redefolge hatte der Kläger zuerst das Wort, danach kam der Angeklagte an die Reihe. Die jeweilige Redezeit war begrenzt. Sie wurde mittels eines Wassergefäßes (vermutlich nach dem Prinzip der Eieruhr) angezeigt. Nach Beendigung der Anhörung hatten die Geschworenen eine Entscheidung bzw. das Urteil zu treffen.

Ein weiterer Gerichtshof (*areopag* = Areshügel) war zuständig für Tötungsdelikte. In Athen gab es derer fünf. Wie schon erwähnt, führte Solon eine schriftliche Fixierung der Gesetze ein, u. a. ein Bestattungsgesetz, ein Gesetz über Opfer und ein Gesetz über das Verhalten der Bräute bei Hochzeiten. Strafe war nicht von der Person, sondern von der Schwere der Tat abhängig. Es gab drei Arten von Strafen:

1. Hinrichtungen,
2. Bußen (Geld etc.) und
3. Schandstrafen (öffentlicher Pranger).

Es folgen nun einige Beispiele über Straftaten bzw. Vergehen und deren Ahndung bei:

Ehebruch: Gemäß athenischem Recht konnte ein Ehebrecher, sofern er auf frischer Tat ertappt wurde, eigenhändig getötet werden. Voraussetzung zur Tötung waren drei Kriterien:

1. Ehebruch,
2. Ergreifen des Straftäters bei der Tat und
3. Wille des Ehemannes zur Tötung des Ehebrechers.

Bestand jedoch kein Wille zur Tötung, wurde der Straftäter einem elfköpfigen Gremium (*apagoge*) vorgeführt. Bei einwandfreiem Nachweis der Schuld erfolgte der Spruch zur Hinrichtung, andernfalls kam es zu einem Freispruch. Bei Schuldnachweis konnte mit Einverständnis des Klägers auch eine Bußgeldzahlung auferlegt werden.

Tötung (Mord und Totschlag): Auf Mord und Totschlag stand die Todesstrafe. Wer nicht vorsätzlich getötet hatte, wurde verbannt und mußte fliehen. Bei Nichtergreifen des Täters auf frischer Tat konnte ein Gerichtsverfahren eingeleitet werden (graphe moicheias). Bei der Festlegung des Strafmaßes war wieder entscheidend, ob seitens des Klägers ein Wille zur Tötung oder Nichttötung des Straftäters bestand. Aussöhnungsverfahren kamen vor, bei nicht beabsichtigter Tötung.

Diebstahl: Bei nächtlichem Eindringen eines Diebes in das eigene Haus ging eine Tötung des Einbrechers straflos aus. Einbrüche bei Tage wurden mit Bußgeld oder Schandstrafen geahndet.

Blutrache: Die Intention des Gesetzgebers war, die Blutrache einzudämmen. Also mußte ein Gesetz her, um die Ausübung dieses Brauches zu erschweren. In diesem Gesetz wurde der Personenkreis, der die Blutrache ausüben durfte, genau festgelegt. Die Blutrache mußte auf dem Hauptplatz vorher angekündigt werden. Die Regelung des Ablaufs der Blutrache war schon ein Gesetzesschwerpunkt von Solons Vorgänger Drakon. Solons und Drakons Maßnahmen zur Eindämmung der Blutrache waren von Erfolg gekrönt. In den folgenden Jahren schlief dieser grausame Brauch ein. Tötungsdelikte wurden in Zukunft vor Gericht geklärt und entsprechend geahndet.

Die Gesetzgebung Solons zeichnete sich gegenüber Drakon durch eine differenzierte Regelung von Delikten aus.

Verfassungsorgane und deren Funktion:
Einhergehend mit dem Reformprogramm wurden auch neue politische Institutionen ins Leben gerufen:

- die Volksversammlung,
- der Rat der Vierhundert,
- das Archontat einschließlich der Schatzmeister,
- das Volksgericht und
- der Areopag.

Die Volksversammlung: Die Volksversammlung (*ekklesia)* setzte sich aus freien Bürgern der bestehenden vier Klassen zusammen. Sie wurde vom zuständigen Archonten einberufen. Teilnehmen durfte nur, wer das 20. Lebensjahr vollendet hatte. Die einzelnen Klassen setzten sich aus Angehörigen der vier Großstämme (*phylen*) zusammen. Der Volksversammlung fiel u. a. die Aufgabe zu, die Vertreter für das Volksgericht zu wählen.

Der Rat der Vierhundert: Als Gegengewicht zur Volksversammlung schuf Solon neben dem Areopag einen neuen Rat, den Rat der Vierhundert mit jährlich wechselnden Mitgliedern. Er ist dem spartanischen Rat in etwa gleichzusetzen, beruhte jedoch auf einer breiteren demokratischen Grundlage. Zur Wahl in dieses Gremium waren nur die Vertreter der ersten drei Klassen zugelassen. Die grundbesitzlosen Theten waren lediglich in der Volksversammlung und im Volksgericht vertreten. Zur Wahl in die anderen Gremien waren sie nicht zugelassen. Der Rat der Vierhundert befaßte sich hauptsächlich mit der Vorbereitung der Volksbeschlüsse.

Das Archontat: Die Wahl des Archontats (9 *Archonten*) und des Schatzmeisters blieb jedoch der ersten Klasse der Volksversammlung vorbehalten. Die Archonten hatten die höchsten Staatsämter inne. Die meisten Machtbefugnisse innerhalb des Archontats hatte jedoch der *Archon Eponymos*. Nach ihm wurden die Regierungsjahre benannt. Alle neun Archonten kamen nach Ablauf ihrer Amtszeit in den Areopag. Die ursprünglich lebenslange Amtszeit wurde im 8. Jahrhundert auf zehn Jahre und um 680 v. Chr. auf ein Jahr festgesetzt.

Das Volksgericht: Das Volksgericht wurde von der Volksversammlung gewählt. An diesem Verfahren beteiligten sich alle vier Klassen. Beim Abstimmungsverfahren hatte jeder nur eine Stimme (je Kopf = 1 Stimme).

Der Areopag: Der Areopag war Gerichtshof für Mord, Verletzung der Verfassung und Religionsfrevel. Zu seinen Aufgaben gehörten außerdem die Kontrolle der Verwaltung und die Aufsicht über den Tempelbezirk. Der Areopag galt als Wahrer der Tradition des politischen und moralischen Lebens. Er fungierte gewissermaßen als „Wächter der Gesetze".

Es war Solons Bestreben, durch eine kluge und weitsichtige Politik, die ihren Ausdruck in einer umfangreichen und differenzierten Gesetzgebung fand, einen Ausgleich zwischen den verschiedenen Bevölkerungsschichten herzustellen. Obwohl er selbst aus adeligem Hause stammte, hatte er den Mut, die Rechte des Adels zu beschneiden und dessen Privilegien einzuschränken. Der Adel, dessen Stellung als geschwächt angesehen werden konnte, wurde mit der Bauernschaft in ein gemeinsames politisches System eingebunden. Im Gegensatz zum egoistischen Verhalten der meisten Adeligen war Solons Denken und Handeln von großem Verantwortungsbewußtsein im Interesse des Staates geprägt. Es war letztendlich von Erfolg gekrönt.

Die von Solon eingeleiteten Reformen und eingerichteten Institutionen blieben in dieser Form noch lange erhalten. Sie schafften in Athen die Voraussetzung für einen Wandel von der Adelsherrschaft zur Demokratie.

d) Die Tyrannis der Peisistratiden

Wie viele andere Stadtstaaten in der archaischen Epoche hatte auch Athen zwischenzeitlich Erfahrungen mit einer Tyrannis sammeln können. Der Weg vom Königtum bzw. der Adelsherrschaft verlief nicht immer gradlinig in Richtung Demokratie. Meist geschah dies auf einem Umweg über die Tyrannis. Mit den Maßnahmen Solons wurde hauptsächlich die wirtschaftliche und soziale Freiheit des Bauerntums hergestellt. Dagegen konnte der Adel weiterhin seinem Aristie- und Stasis-Ideal frönen, allerdings mit dem Unterschied zu früheren Zeiten, daß er sich nicht mehr des Mittels der wirtschaftlichen und sozialen Ausbeutung seiner Landsleute bedienen konnte. Dennoch gab es genügend Unzufriedenheit im Lande. Einzelne Aristokraten machten sich die Unzufriedenheit bestimmter Bevölkerungsschichten zunutze, um sich mit deren Hilfe zum Alleinherrscher (Tyrannen) aufzuschwingen. Gelegentlich geschah dies aber auch auf dem Wege über öffentliche Ämter oder nach einem grandiosen Sieg bei Wettkämpfen, zum Beispiel in Olympia oder Delphi.

Als Solons Leben zu Ende ging, befand sich Athen bereits in den Händen eines Tyrannen. Es handelte sich dabei um den um 600 v. Chr. in Brauron geborenen **Peisistratos**. Nach heftigen Parteizwistigkeiten und Ausschaltung seiner politischen Gegner gelangte Peisistratos im Jahre 560 v. Chr. durch einen Staatsstreich mit Hilfe eines Söldnerheeres an die Macht. Zu seinen ärgsten Gegnern zählte damals das Geschlecht der Alkmaioniden. Nach zweimaliger Vertreibung durch seine Widersacher übernahm er im Jahre 539 v. Chr. endgültig die Macht in

Athen. Peisistratos hatte aus den in der Vergangenheit gemachten Erfahrungen gelernt und begann sofort mit der Festigung seiner Herrschaft, indem er die rivalisierenden fürstlichen Herren ausschaltete und die Konsolidierung des Staates in Angriff nahm. Außerdem legte er sich eine Leibwache zu. Er ließ sich aber nicht durch die gewonnene Macht verführen, sondern wußte mit ihr maßvoll umzugehen und zu regieren. Er respektierte die Gesetze Solons und veränderte sie auch nicht. Im Gegenteil, er verlieh ihnen mehr Nachdruck und verschaffte der Bevölkerung dadurch mehr Rechtssicherheit. Er hatte sogar eine neue Institution ins Leben gerufen, nämlich die der Demenrichter. Die Demenrichter waren Einzelrichter. Sie reisten durch das Land, meist in abgelegene Dörfer, um dort Rechtsstreitigkeiten zu schlichten. Somit hat Peisistratos das von Solon geschaffene Instrumentarium nicht nur zu nutzen verstanden, sondern obendrein noch durch eine eigene Schöpfung ergänzt.

Unter Peisistratos gelangte Athen zu wirtschaftlicher und kultureller Blüte. Bei der Bevölkerung erfreute er sich außerordentlicher Beliebtheit. Das Bauerntum sowie Handel und Gewerbe wurden gefördert und die Macht des Adels durch Zerschlagung des Großgrundbesitzes eingeschränkt. Peisistratos' Regierung bedeutete eine goldene Zeit in der Geschichte Athens. Prachtvolle Gebäude zeugten von wachsendem Wohlstand. Mit einer von ihm erhobenen fünfprozentigen Bodenertragssteuer finanzierte er zum Beispiel den Bau eines Tempels, einer Wasserleitung zum Marktbrunnen, einer Kanalisation und die Schaffung eines Neumarktgeländes unterhalb des Areopags. Peisistratos führte eine Staatsmünze ein mit dem Bild der Pallas Athene und der heiligen Eule auf dem Obolos und der Drachme. Zur selben Zeit, als Sparta die Vorherrschaft über die Peloponnes errang, legte Peisistratos die Grundlage für die athenische Seeherrschaft. Ihm war bewußt, daß die Zukunft Athens auf dem Meer lag. Er versuchte, an den Ufern des Hellespont Fuß zu fassen, und besetzte ein Gebiet auf der asiatischen Seite. Zur gleichen Zeit landete der Athener **Miltiades** mit einer Gruppe Emigranten auf der Halbinsel Chersones (Thrakien).

Peisistratos' Herrschaft dehnte sich nun vom nördlichen Teil des Ägäischen Meeres bis zu den Kykladen aus. Inzwischen begann er eine Kriegsflotte zu bauen, die später zur mächtigsten von ganz Griechenland werden sollte. Das Vertrauen der benachbarten Städte in die Tyrannis der Peisistratiden war so groß, daß man bei Athen um Schutzherrschaft ersuchte, wie im Falle Plataiais gegen eine Bedrohung aus Theben.

Auf dem kulturellen Sektor war Peisistratos auch nicht untätig geblieben. So übernahm er die Schutzherrschaft über das Heiligtum Delos, förderte den Dionysos-Kult und begann mit der Neuordnung der Festspiele zu Ehren der Athene (*panathenaien*). Hierbei handelte es sich um die „All-Athene-Feiern", die alle vier Jahre stattfanden. Dabei wurden Wettkämpfe auf den Gebieten des Sports und der Dichtkunst veranstaltet. Außerdem machte er sich einen Namen als Förderer der Dicht- und Bildhauerkunst nach ionischem Muster. Die in Athen hergestellten kunstvollen schwarzfigurigen Vasen wurden zu einem Exportschlager. Sie fanden reißenden Absatz in ostionischen Siedlungsgebieten.

Im Jahre 527 v. Chr. starb Peisistratos, und seine Söhne **Hippias** und **Hipparchos** übernahmen als seine Nachfolger die Tyrannis. Hippias regierte im Sinne seines Vaters als Freund des Volkes. Er unterstützte die Dichtung und andere Künste. Man zeigte sich ebenfalls aufgeschlossen gegenüber der ostionischen Kultur an der Westküste Kleinasiens.

Nach 14 allgemein glücklichen Regierungsjahren fiel Hippias' jüngerer Bruder Hipparch einer Verschwörung zum Opfer. Seine Mörder, **Harmodios** und **Aristogeiton**, die aus dem feindlichen Geschlecht der Alkmaioniden stammten, büßten diese Tat mit ihrem Leben. Harmodios wurde gleich am Schauplatz der Untat von Hipparchs Leibwächtern niedergestochen. Aristogeiton konnte zunächst im allgemeinen Durcheinander entkommen, wurde aber später aufgegriffen und fiel Hippias' Schwert zum Opfer. Daraufhin wurde das Adelsgeschlecht der Alkmaioniden aus Athen verbannt. Es konnte nie einwandfrei geklärt werden, ob die Alkmaioniden mit dem Mord an Hipparch in Zusammenhang gebracht werden können. Der Mord an Hipparch befreite Athen nicht von der Tyrannei. Das Gegenteil war der Fall. Das Schicksal seines Bruders hinterließ bei Hippias ein bleibendes Trauma. Er wurde argwöhnisch und verbittert. Eine große Zahl von Bürgern, die der Mitwisserschaft an dem Attentat verdächtig waren, schickte Hippias in die Verbannung. Niemand in Athen fühlte sich vor Hippias' Häschern mehr sicher. Die Tyrannenmörder hatten aus einem milden und gütigen Herrscher einen echten Tyrannen gemacht. Hippias wurde im Jahre 510 v. Chr. von den Alkmaioniden mit Hilfe Spartas gestürzt.

Abschließend kann gesagt werden, daß sich die Tyrannis des Peisistratos für Athens Bürger ausnahmsweise als vorteilhaft erwiesen hat.

e) Der Sturz der Tyrannis und die Reformen des Kleisthenes

Wie schon angedeutet, gelang es dem Alkmaioniden **Kleisthenes** im Jahre 510 v. Chr. mit Unterstützung eines spartanischen Heeres unter **Kleomenes I.**, die Tyrannis in Athen zu stürzen und Hippias zu vertreiben. Hippias floh zu den Besitzungen seines Vaters am Hellespont und lebte dort als Vasall des persischen Königs. Damit hatte das Geschlecht der Peisistratiden in Athen ausgedient.

Nach Beendigung der Tyrannenherrschaft brachen in Athen wieder Parteifehden aus. Diesmal versuchte **Isagoras**, einer der ärgsten Gegner des Kleisthenes, mit einer Gruppe Gleichgesinnter die Macht an sich zu reißen, um wieder die alte Adelsherrschaft zu errichten. Allein aber waren Isagoras und seine Anhänger zu schwach. Also ersuchten sie Sparta um Hilfe. Die fand man wieder beim spartanischen König Kleomenes I., dem Athen unter Kleisthenes zu stark geworden schien. Kleomenes war verständlicherweise an einer schwachen Regierung in Athen gelegen, die ständig auf die Unterstützung Spartas angewiesen war. Kurzerhand marschierte Kleomenes in Athen ein. Kleisthenes mußte flüchten. Daraufhin kam es zum Bürgerkrieg. Einige hundert Familien des Kleisthenes gingen in die Emigration. Isagoras besetzte mit seinen Anhängern die Akropolis, was zur Folge hatte, daß die Athener die Akropolis belagerten und die Besetzer beinahe aushungern ließen. Die Belagerten ergaben sich und konnten froh sein, daß man ihnen freien Abzug gewährte. Kleisthenes und alle anderen Emigranten kehrten nach Athen zurück. Gegen die Anhänger des Isagoras wurden Gerichtsverfahren eröffnet, die mit zahlreichen Todesurteilen endeten. Der Spartaner Kleomenes I. unternahm im Jahre 506 v. Chr. abermals einen Interventionsversuch zugunsten der Anhänger des Isagoras und rückte mit einem größeren Heer, das sich zum Teil aus spartanischen Bundesgenossen zusammensetzte, gegen Athen vor. Unterwegs versagte ihm aber Korinth als der größte Bundesgenosse den Gehorsam. Als sich dann auch noch der zweite spartanische König **Demaratos** gegen Kleomenes stellte, war das ganze Unternehmen gescheitert. Kleisthenes ging aus dieser Auseinandersetzung endgültig als Sieger hervor. Schließlich wurde die Staatsführung offiziell Kleisthenes übertragen.

Bei der fehlgeschlagenen Intervention des spartanischen Königs Kleomenes befanden sich unter dessen Verbündeten Truppen auch Boioter und Chalkidier von der Insel Euboia. Kleisthenes hielt den jetzigen Augenblick für günstig, sich zumindest an den Chalkidiern für deren Teilnahme an dem Marsch auf Athen zu rächen. Chalkis wurde der Krieg angesagt. Trotz der Hilfe durch herbeigeeilte Boioter erlitten die Truppen von Chalkis eine herbe Niederlage. Hierbei blieb es aber nicht. Der in Chalkis regierende Adel mußte seine in der fruchtbaren lelantischen Ebene gelegenen Ländereien an Athen abtreten. Athen besiedelte das neu erworbene Gebiet mit 4000 attischen Kolonisten (*Klerouchen*), die durch das Los bestimmt wurden.

Kleisthenes konnte sich nun in Ruhe seinem geplanten Reformprogramm widmen. Obwohl er, wie auch Solon, ein Aristokrat war, hatte er einem Geschlecht angehört, das immer eine milde Politik vertreten hatte. Kleisthenes' Bestreben war, das System Solons weiterzuentwickeln. Dazu waren jedoch umfangreiche Reformen vonnöten. Zwar besaßen alle Bürger das politische Wahlrecht und es bestand auch Gleichheit vor dem Gesetz, aber in Wirklichkeit standen sich Adel und Bürgertum – bedingt durch unterschiedliche Interessen – eher feindlich gegenüber. Neben der politischen Einteilung der Bürger nach ihrem Besitz gab es noch eine ältere Einteilung in vier Stämme (*phylen*), die aus einer Zeit stammte, als die Griechen noch ein Nomadenvolk waren. Diese Einteilung lebte auch nach der Eroberung Attikas durch die Ionier fort. In diesem System hatte der Adel den größten Einfluß. Die jeweilige Zugehörigkeit war durch Geburt bestimmt. Daran hatte auch Solon nichts ändern können. Aber Kleisthenes, der sich zu einem leidenschaftlichen Demokraten entwickelte, setzte seine ganze Kraft für eine Wahlrechtsreform ein, die den alten Stammesverbänden jede politische Bedeutung entzog. In den Jahren 509–507 v. Chr. startete er eine große Verfassungsreform. Ihm schwebte die Schaffung einer Isonomie (gleiches Recht für alle Staatsbürger) vor. Dazu war es unumgänglich, daß die Theten volles Bürgerrecht erhielten. Kleisthenes teilte die Bevölkerung nach ihren Wohnorten auf, das heißt, er schuf Wahlkreise. Nun mußten die Theten aber in die neue Ordnung eingebunden werden. Dies geschah durch eine Neueinteilung der Bürgerschaft in zehn Phylen lokalen Charakters. Jede Phyle setzte sich aus je einem Drittel (*trittys*) der drei Bezirke Küstenland, Binnenland und Stadtgebiet zusammen. Ferner entsandte jede Phyle 50 Phylenabgeordnete in den neugeschaffenen „Rat der Fünfhundert“. Dieser führte für eine Ratsperiode (1/10 Jahr oder 36 Tage) die Geschäfte der Stadt als Stadtrat (*prytanie*) unter einem aus dessen Mitte gewählten, täglich wechselnden Vorsitzenden (*epistates*). Die Distrikte bzw. Bezirke (*trittys*) gliederten sich in einzelne Gemeinden (*demen*), das heißt selbständige Verwaltungseinheiten mit jeweils einem Demenvorsteher (*demarchos*). Die neugeschaffenen Gemeinden übernahmen nun die Aufgaben der alten Phratrien, wie zum Beispiel die Führung von Bürgerlisten, was die lokale Grundlage der Verfassung bildete. Jeder Bürger wurde – ungeachtet der Phylenzugehörigkeit – dort eingeschrieben, wo er seinen Wohnsitz hatte. Die Phratrien hatten damit weitgehend ihre politische Selbständigkeit verloren. Im Verlauf der Reform stellte sich heraus, daß viele Bürger gar nicht registriert waren. Es wurde vermutet, daß man bestimmte Personen bzw. Personenkreise auf Betreiben der Adeligen bewußt nicht in die Bürgerlisten aufgenommen hatte, um sie von der politischen Willensbildung fernzuhalten. Jeder Bürger gehörte der Volksversammlung an. Gleichzeitig wurde die neue Phylenordnung auch auf das Heer übertragen. Jede

Phyle stellte einen der zehn zu wählenden Strategen (Regimentskommandeur) zur Führung eines Phylenregiments. Diese standen wiederum unter dem Oberbefehl eines Feldherrn (*archon polemarchos*). Durch die Aufteilung des Staatsgebietes in Phylen, Trittys und Demen sowie deren Zuständigkeit auf die Bereiche Stadt, Binnenland und Küste waren die einzelnen Bevölkerungsschichten so stark vermischt, daß sich keine rein homogenen Gruppen mehr bilden konnten und Manipulationen, von welcher Seite auch immer, ein Riegel vorgeschoben wurde. Als weitere Maßnahme zur Verhinderung von Manipulationen sah die Verfassung eine wesentliche Ergänzung vor, nämlich die Anwendung des Loses bei der Ermittlung von Kandidaten für die Wahrnehmung öffentlicher Ämter. Dieses Verfahren war besonders wichtig für die Zusammensetzung des „Rates der Fünfhundert" und der Geschworenenversammlung (*heliaia*).

Als weitere Reformen wurden eingeführt: der Giftbecher (bekannt als „Schierlingsbecher") zur Vollstreckung der Todesstrafe und das Scherbengericht (*ostrakismos*) zur Verbannung der die Stadt gefährdenden Bürger ohne Ehr- und Vermögensminderung sowie die Abschaffung der Folter für die Freien. Auf die Scherben wurden jeweils die Namen der zu Verbannenden eingeritzt. Ferner war für alle öffentlichen Ämter eine Prüfung des bürgerlichen Verhaltens vor dem Amtsantritt und Ablegung von Rechenschaft nach Ablauf des Amtsjahres vorgeschrieben. In der Volksversammlung hatte jeder Bürger das Recht, Anträge zu stellen oder Zusätze zu befürworten. Die Aufnahme der Theten in die Phylenordnung bedeutete einen wichtigen Schritt für die Begründung der Demokratie in Athen. Kleisthenes schuf somit die erste Verfassung, die von der unteren Ebene (Gemeinde) ausgehend aufgebaut war, und zwar unter Beteiligung aller Bürger.

11. Ausklang

Gegen Ende des 6. bzw. Anfang des 5. Jahrhunderts v. Chr. befand sich Griechenland am Abend der Perserkriege. Zu dieser Zeit trat Kleinasien ins Blickfeld der Ereignisse. In den von Griechen besiedelten Küstenstädten Kleinasiens brodelte es. Man war der persischen Herrschaft überdrüssig. Die Unzufriedenheit richtete sich gegen die Einschränkung der Selbstbestimmung und Überwachung des Handels durch die Perser. Lange genug hatte man das persische Joch ertragen müssen. Um 500 v. Chr. kam es zum **Ionischen Aufstand**, dem sich die der kleinasiatischen Küste vorgelagerten Inseln anschlossen. Bereits einige Jahre zuvor richtete die Insel Samos einen Hilferuf an Sparta. Sparta lehnte das Ersuchen jedoch ab, weil es seine bislang guten Beziehungen zu Persien nicht aufs Spiel setzen wollte. Nur Athen und Eretria leisteten den Ioniern mit der Entsendung von 25 Kriegsschiffen mehr oder weniger symbolische Hilfe. Nach sechs Jahren heroischer Kämpfe, bei denen die Stadt Milet den heftigsten Widerstand leistete, wurde der Ionische Aufstand niedergeschlagen. Im Jahre 492 v. Chr. beauftragte der persische Großkönig **Dareios I.** seinen Schwiegersohn und Feldherrn **Mardonios** mit einem Rachefeldzug gegen die Städte Athen und Eretria. Dieses Unternehmen stand jedoch unter keinem guten Stern. Beim Umfahren der Halbinsel Athos geriet die Flotte in einen schweren Sturm, wobei der größte Teil der Schiffe verlorenging. Fast gleichzeitig wurde das persische Landheer in Thrakien bei einem nächtlichen Überfall durch einen aufrührerischen thrakischen Stamm derart dezimiert, daß an eine Fortsetzung des Feldzuges nicht mehr zu denken war. Trotz des geschilderten Debakels ließ sich Dareios nicht entmutigen und beauftragte diesmal seine Feldherren Datis und Artaphernes mit einem erneuten Feldzug gegen Eretria und Athen. Vorher startete Dareios noch eine diplomatische Offensive, indem er Herolde in die griechischen Lande schickte und von allen Städten – selbst von Sparta – Unterwerfung forderte. Bei Sparta, Athen und Eretria biß er jedoch auf Granit. Diese Städte waren bereit, es auf einen Waffengang gegen Persien ankommen zu lassen. Im Frühjahr des Jahres 490 v. Chr. brach die persische Flotte mit 600 Schiffen von Kleinasien auf. An Bord befanden sich Reiter und Fußtruppen. Nachdem die Insel Naxos – der Ausgangspunkt des Ionischen Aufstandes – von den Persern eingenommen und sämtliche Häuser niedergebrannt worden waren, landete Datis mit seinen Truppen in Eretria auf der Insel Euboia. Er machte die Stadt nach sechs Tagen heftigster Gegenwehr dem Erdboden gleich und deportierte alle Einwohner. Daraufhin erließen die Athener einen Hilferuf an Sparta. Sparta sagte jetzt den Athenern volle Unterstützung zu. Währenddessen rückte die persische Streitmacht auf Athen vor. Trotz Eilmärschen trafen die Spartaner zu spät auf dem Kriegsschauplatz ein. Die Schlacht war bereits geschlagen. Einem Aufgebot von 10 000 attischen Kämpfern unter dem Oberbefehl des Feldherrn **Miltiades** war es gelungen, die bei **Marathon** gelandeten Perser zurückzuschlagen. Dieses Ereignis, welches gewiß in keinem Geschichtsbuch unerwähnt bleibt, trug sich im Jahre 490 v. Chr. zu. Genau zehn

Jahre später, im Jahre 480 v. Chr., unternahm nach dem Tode des Großkönigs Dareios I. sein Nachfolger **Xerxes** erneut einen Angriff gegen Athen. Mit einem riesigen Heer von mehr als einer Million Kriegern, unterstützt von einer ebenso mächtigen Flotte, bestehend aus über 1200 Schiffen, rückte Xerxes gegen Griechenland vor. Nun galt es für Athen, schnell zu handeln. Rüstungsvorhaben mußten zum Abschluß gebracht, der Flottenbau vorangetrieben und alle wehrfähigen Männer zum Heerbann gerufen werden. Dank der großen Silbervorkommen bei Laurion im Süden Attikas konnten aus deren Erlös die Ausgaben für Rüstungsprojekte bestritten werden. Bei einem vorausgegangenen Streit über die konkrete Verwendung der Einnahmen aus den Silberminen konnte sich der Staatsmann und Feldherr **Themistokles** mit seinem Vorschlag, eine stattliche Flotte zu bauen, durchsetzen. In ihrer Not befragten die Athener das berühmte Orakel zu Delphi, wie man sich bei einer kriegerischen Auseinandersetzung mit Persien verhalten solle. Die Antwort lautete: „Verteidigt euch hinter hölzernen Mauern." Die Athener interpretierten den Spruch dahingehend, daß hölzerne Schiffswände den besten Schutz gegen einen Angriff bieten würden. Inzwischen hatte Sparta angesichts der akuten persischen Bedrohung sein Heer enorm verstärkt und in höchste Alarmbereitschaft versetzt. Es konnte gut gerüstet in den bevorstehenden Krieg mit Persien zugunsten eines freien Griechenlands eingreifen. Sparta war zu diesem Zeitpunkt ohnehin die stärkste Kontinentalmacht in ganz Griechenland. Einem Gebot der Vernunft folgend, hatte Sparta seine Feindseligkeiten gegenüber seinem Erzrivalen Argos eingestellt. Angesichts der persischen Übermacht rückten die griechischen Staaten enger zusammen und gründeten den „Hellenenbund“, dem 30 Poleis (Städte bzw. Stadtstaaten) beitraten. Boiotien und Thessalien schlossen sich diesem Bündnis jedoch nicht an. Vorsorglich wurde die attische Bevölkerung auf die Inseln Salamis und Aigina evakuiert. Auf die Frage nach dem Oberbefehl über Heer und Flotte einigte man sich nach längerem Hin und Her darauf, daß Sparta den Oberbefehl sowohl über die Land- als auch über die Seestreitkräfte erhalten solle. Zum Befehlshaber über die Seestreitkräfte wurde **Eurybiades** ernannt, und den Oberbefehl über die Landstreitkräfte erhielt der spartanische König **Leonidas**. Der Athener Feldherr und Staatsmann **Themistokles** war oberster Befehlshaber über die gesamtgriechischen Streitkräfte. Das große Aufeinandertreffen der persischen und griechischen Heere fand am Thermopylenpaß statt. Leonidas fing den ersten Angriff der Perser ab und versperrte auch danach für mehrere Tage erfolgreich den Zugang nach Mittelgriechenland, bis ihm durch Verrat und Umgehung seiner Verteidigungsstellung ein Teil des gegnerischen Heeres in den Rücken fiel. Nun war der Thermopylenpaß nicht mehr zu halten. Mit 300 spartanischen Elitekämpfern hatte er seine Stellung heldenhaft bis zum letzten Mann verteidigt und dadurch für einige Zeit persische Kräfte gebunden, so daß sich das griechische Heer zurückziehen und neu formieren konnte.

An dieser historischen Stätte befindet sich heute eine Gedenktafel, die nach einer Übersetzung von Schiller wie folgt lautet:

„Wanderer kommst du nach Sparta, verkünde dorten, du habest uns hier liegen gesehen, wie das Gesetz es befahl."

Der persische Feldherr Mardonios konnte jetzt fast ungehindert in Mittelgriechenland einmarschieren und bis Athen vordringen. Die griechischen Verteidiger auf der Akropolis wurden überwältigt, und Xerxes befahl, die Stadt und das umliegende Land zu zerstören. Im weiteren Verlauf der Kampfhandlungen wurde die persische Flotte im Sund von Salamis in eine Falle gelockt und vernichtend geschlagen. Die schwerfälligen persischen Schiffe waren den wendigen griechischen Trieren, die unter dem Befehl des Spartaners Eurybiades standen, im Kampf hoffnungslos unterlegen. Der Rest der gegnerischen Flotte machte kehrt und suchte das Heil in der Flucht. Die geschilderten Ereignisse fanden im August und September des Jahres 480 v. Chr. statt.

Nach der Niederlage der Flotte zog sich der persische Feldherr Mardonios ins Winterlager nach Boiotien zurück. Von dort schickte er ein Friedensangebot nach Athen. Die Athener lehnten jedoch ab. Daraufhin marschierte Mardonios im Jahre 479 v. Chr. erneut in Attika ein und zerstörte alles, was im Jahre zuvor unzerstört geblieben war. Danach zog er sich wieder nach Boiotien zurück und errichtete bei der Ortschaft Plataiai eine Verteidigungsstellung. Hier erwartete er den Angriff der vereinigten griechischen Streitmacht, welche nach dem Tode von Leonidas unter dem Befehl des neuen Spartanerkönigs **Pausanias** stand. Die griechische Flotte stand nach einem Kommandowechsel unter dem zweiten spartanischen König **Leotychidas**. Mit über 60 000 Hopliten und Leichtbewaffneten war das größte gemeinsame Heer in der Geschichte Griechenlands zum Kampf angetreten. Im August des Jahres 479 v. Chr. stießen beide Heere aufeinander. Es war die unüberwindliche Phalanx der Spartaner, welche die Schlacht endgültig entschied. Der persische Feldherr Mardonios fiel in dieser Schlacht, und die Reste seines Heeres flohen nach Norden durch Thessalien, Makedonien und Thrakien in Richtung Hellespont. Damit war die Bedrohung der Freiheit Griechenlands endgültig vorüber. Der spartanische Feldherr Pausanias übernahm von da an die Führung im Hellenenbund. Trotz aller politischen Zersplitterung und räumlichen Verstreutheit wurden die Griechen von einem unsichtbaren geistig-seelischen Band zusammengehalten. Sie waren sich stets ihrer gemeinsamen Abstammung und kulturellen Wurzeln bewußt. Der große Vater der Geschichtsschreibung, Herodot, konnte dieses Gefühl der Zusammengehörigkeit mit einem Bekenntnis in seinem achten Buch (144) nicht besser ausdrücken:

„Zum anderen sind wir mit den Hellenen eines Blutes und einer Zunge und haben dieselben Heiligtümer und Feste der Götter und die gleichen Sitten."

Abschließend kann gesagt werden, daß sich in der archaischen Zeit Strukturen herausgebildet hatten, die grundlegend und entscheidend waren, Griechenland in den nachfolgenden Epochen zum geistigen und kulturellen Vorbild in Europa werden zu lassen.

ENDE

Literaturhinweise

Aristoteles: Der Staat der Athener (athenaion politeia), Reclam, Stuttgart 1993, Übersetzung von Martin Dreher

Baumhauer, Hermann: Die Welt der Antike, in: Illustrierte Weltgeschichte, Südwest Verlag, München

Bengtson, Hermann: Die Mittelmeerwelt im Altertum, I. Griechen und Perser, in: Fischer Weltgeschichte, Band 5

Blome, Peter: Die dunklen Jahrhunderte aufgehellt (Beitrag in: 200 Jahre Homerforschung, J. Latacz, B. G. Teubner Verlag, Stuttgart 1991)

Boardman, J.: Kolonien und Handel der Griechen, Verlag C. H. Beck, München 1981

Chadwick, John: Die mykenische Welt, Reclam Verlag, Stuttgart 1979

Christ, Karl: Hellas, Verlag C. H. Beck, München 1999

Clauss, Manfred: Sparta, Verlag C. H. Beck, München 1983

Deger-Jalkotzy, S.: Die Erforschung des Zusammenbruchs der sogenannten mykenischen Kultur und der sogenannten dunklen Jahrhunderte (Beitrag in: 200 Jahre Homerforschung, Joachim Latacz, B. G. Teubner Verlag, Stuttgart 1991)

Finley, Moses: The World of Odysseus, Campus Verlag, Frankfurt/Main 2005

Firnkes, Manfred: Griechenland von der Blütezeit der Polis bis zum Niedergang, in: Weltgeschichte, Band 2, Bertelsmann Lexikon Verlag, Gütersloh 1996

Gaunt, David: Strukturen der Altersversorgung, Suhrkamp Verlag, Frankfurt/M. 1982

Hansen, Mogens H.: The ancient Greek City-State, (Introduction to the Oxford University Press, Oxford 2006)

Herodot: Neun Bücher der Geschichte, Phaidon Verlag GmbH, Essen, Übersetzung von Heinrich Stein

Hesiod: Werke und Tage (*erga kai hemerai*), Reclam 1996, Übersetzung von Otto Schönberger

Hesiod: Theogonie (theogonia), Reclam 1999, Übersetzung von Otto Schönberger

Heuß, Alfred: Hellas (die archaische Zeit), in: Propyläen Weltgeschichte, Band 14

Hiesel, G.: Mykenai, mykenische Kultur und Archäologie, in: Der Neue Pauly, Verlag J. B. Metzler, Stuttgart 2007

Homer: Ilias/Odyssee, Winkler-Verlag, München 1957, Übersetzung von Johann Heinrich Voß

Kinder/Hilgemann: Antike – Griechenland, in: Atlas zur Weltgeschichte, R. Piper & Co. Verlag, München 1970

Laaths, Erwin: Hellas, in: Geschichte der Weltliteratur, Droemersche Verlagsanstalt, München 1953

Latacz, Joachim: 200 Jahre Homerforschung, B. G. Teubner Verlag, Stuttgart 1991

Latacz, Joachim: Troia und Homer, Piper Verlag, München 2003

Latacz, Joachim: Die griechische Literatur in Text und Darstellung, Band 1, Stuttgart 1991 (Archaische Periode)

Lehmann, Gustav A.: Umbrüche und Zäsuren im östlichen Mittelmeerraum und Vorderasien zur Zeit der Seevölker-Invasionen um und nach 1200 v. Chr. als Beitrag in: Historische Zeitschrift 262, 1996, Seite 1–38

Link, Stephan: Der Kosmos Sparta, Wissenschaftliche Buchgesellschaft, Darmstadt 1994

Meyer, Hermann: Die Griechen im ägäischen Kulturraum, in: Weltgeschichte, Verlagsgruppe Bertelsmann GmbH, Gütersloh

Millett, Paul: Hesiod and his World, in: PCPhS 210 N.S. 30, 1984

Mitterauer, Michael: Historische Familienforschung, Böhlau Verlag GmbH & Co. KG, Frankfurt/M. 1982

Oliphant, Margret: Griechenland und die Ägäis, in: Atlas der Alten Welt, Sonderausgabe, Orbis Verlag für Publizistik, München 2000

Raaflaub, K.: Soldiers and Citizens and the Evolution of the Early Greek Polis (Artikel in: The Development in the Polis in the Archaic Greece), Routledge Verlag, London 1997

Rosen, Klaus: Griechische Geschichte erzählt, Wissenschaftliche Buchgesellschaft, Darmstadt 2000

Schachermeyr, Fritz: Ursprung und Hintergrund der griechischen Geschichte, in: Propyläen Weltgeschichte, Band 14

Schmitz, Winfried: Nachbarschaft und Dorfgemeinschaft im archaischen und klassischen Griechenland, in: Klio (Beiträge zur Alten Geschichte), Beihefte, Neue Folge, Band 7

Schreiber, Georg: Die Frühzeit Griechenlands, in: Weltgeschichte, Band 2, Bertelsmann Lexikon Verlag GmbH, Gütersloh 1996

Stahl, Michael: Gesellschaft und Staat bei den Griechen: Archaische Zeit, Verlag Ferdinand Schönigh, Paderborn 2003

Stibbe, Conrad M.: Das andere Sparta, Verlag Philipp von Zabern, Mainz 1996, in: Kulturgeschichte der antiken Welt, Band 65

von Ranke, Leopold: Geschichte des Altertums, Phaidon Verlag, Essen

Nachschlagewerke:

Der Brockhaus: Geschichte (Personen, Daten, Hintergründe), Leipzig/Mannheim 2003

Der farbige Plötz: Illustrierte Weltgeschichte von den Anfängen bis zur Gegenwart, Freiburg/Würzburg 1982

Der Große Plötz: Die Daten-Enzyklopädie der Weltgeschichte, Köln 1998

Der große historische Weltatlas: Epochen, Ereignisse, Entwicklungen, ADAC-Verlag GmbH, München / Wissen Media Verlag GmbH, Gütersloh/München 2004

Der Kleine Pauly: Lexikon der Antike, Deutscher Taschenbuch Verlag, München 1979

Der Neue Pauly: Enzyklopädie der Antike, Verlag J. B. Metzler, Stuttgart 2007

Das Jahrmillionenbuch: Vom Homo sapiens bis Christi Geburt, ADAC-Verlag GmbH, München / Wissen Media Verlag GmbH, Gütersloh/München 2003

Das Lexikon der Weltgeschichte: Von der Steinzeit bis zur Gegenwart (Epochen – Ereignisse – Personen – Länder – Schauplätze), Bertelsmann Lexikon Verlag GmbH, Gütersloh/München 1998

Farbiges Großes Volkslexikon, Bibliographisches Institut AG, Mannheim 1981

Historisches Lexikon, Verlag Sebastian Lux, Murnau/München 1957

Historischer Bildatlas, Verlag Sebastian Lux, Murnau/München 1957

Bildnachweise:
Das Titelbild entstammt dem Privatarchiv des Autors.